2

JN015016

実力アップ かん字れんしゅうノート

特別《とくべつ》ふろく

教科書《きょうかしょ》の順《じゅん》に練習《れんしゅう》できる！

教育出版版
完全準拠

年　　組　　名前

「かん字れんしゅうノート」はとりはずして使用できます。

もくじ

漢字れんしゅうノート　教育出版版　国語　2年

この本のつかい方《かた》

- ✪教科書《きょうかしょ》に　出て　くる　漢《かん》字を、たんげんごとに　れんしゅうしましょう。
- ✪２年生で　学習《しゅう》する　漢字　160字を、すべて　出題《だい》して　います。
- ✪すべての　漢字を、正しく　書《か》けるように　なれば、ごうかくです。

つづけて みよう ——日記

/11もん

だい1回《かい》

☆ □に 漢字《かん》を かきましょう。〔　〕には、漢字と ひらがなを かきましょう。
（☆は、あたらしい 漢字の べつの よみかたです。）

1 おもった ことを 〔　　〕《かく》。

2 □□《にっき》を つける。

3 □□《せいかつ》を ふりかえる。

4 □□□《にちようび》の 天気。

5 □《あさ》おきて、きがえる。

6 □《とも》だちと あそぶ。

7 □《き》ろくを つける。

8☆ □《しょ》写《しゃ》の じゅぎょう。

9☆ 名まえを 〔　　〕《しるす》。

10☆ □□《そうちょう》の さわやかな 空気。

11☆ 大せつな □□《ゆうじん》。

はるねこ

/12もん

だい2回《かい》

☆ □に 漢字《かん》を 書きましょう。〔 〕には、漢字と ひらがなを 書きましょう。

1 □□《いっつう》の 手がみ。

2 わか草 □《いろ》の きんちゃくぶくろ。

3 ふしぎな ことを 〔 〕《おもい》出す。

4 きょねんの □《いま》ごろ。

5 □《こえ》が きこえる。

6 □《なに》かを さがす ねこ。

7 名前《なまえ》を 〔 〕《いう》。

8 □《こん》度《ど》は 虫を つくる。

9 手がみの つづきを 〔 〕《よむ》。

10 見〔 〕《とおし》を もつ。

11 文章《しょう》を □□《おんどく》する。

12 様《よう》子を あらわす □《こと》葉《ば》。

ひろい　公園

☆ □に 漢字《かん》を 書きましょう。〔　〕には、漢字と ひらがなを 書きましょう。（☆は、あたらしい 漢字の べつの 読みかたです。）

1 □□《こうえん》に ぼうしを おとす。

2 しつもんを 〔　　〕《きく》。

3 友だちと 〔　　〕《はなし》あう。

4 □□《きしゃ》を うんてんする。

5 □《ほし》の ついた やきゅうぼう。

6 書くと 〔　　〕《おなじ》に なる 言葉《ば》。

7 オリンピックの □《こう》式《しき》グッズ。

8 ようち□《えん》の 先生。

9☆ 電《でん》□《わ》を かける。

10☆ おもしろい □《はなし》。

11☆ ロケットで □□《かせい》に 行く。

12☆ □《どう》点《てん》に なる。

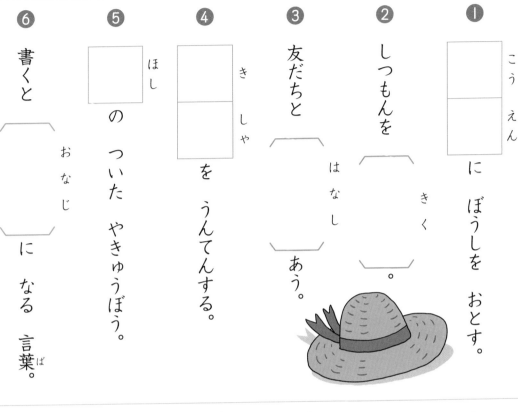

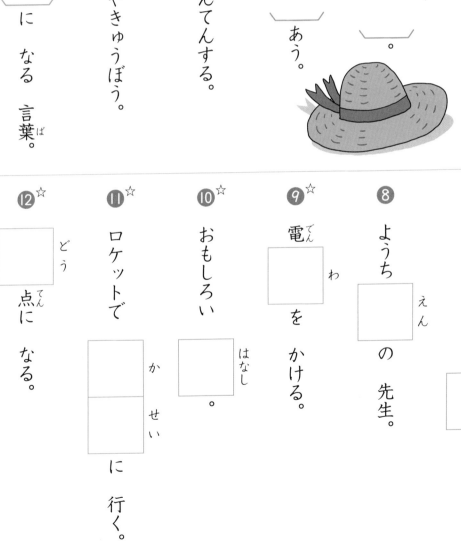

言葉《ば》の　文化《か》①　回文を　たのしもう
漢字《かん》の　ひろば①　画と　書きじゅん　(1)

/11もん　だい 4 回

☆ □に　漢字《かん》を　書きましょう。〔　〕には、漢字と　ひらがなを　書きましょう。（☆は、あたらしい　漢字の　べつの　読みかたです。）

言葉《ば》の　文化《か》①

1 □□《かいぶん》を　たのしむ。

2☆ こまを　〔　　〕《まわす》。

漢字《かん》の　ひろば①　(1)

3 漢字《かん》の　□《かく》。

4 一年生と　あそぶ　□《かい》。

5 □《せん》で　絵《え》を　かく。

6 しなものを　〔　　〕《かぞえる》。

7 夏休《なつ》みの　計《けい》□《かく》。

8 二人で　□□《かいわ》する。

9 点《てん》□《せん》を　なぞる。

10☆ テレビの　□《が》めん。

11☆ 友だちに　〔　　〕《あう》。

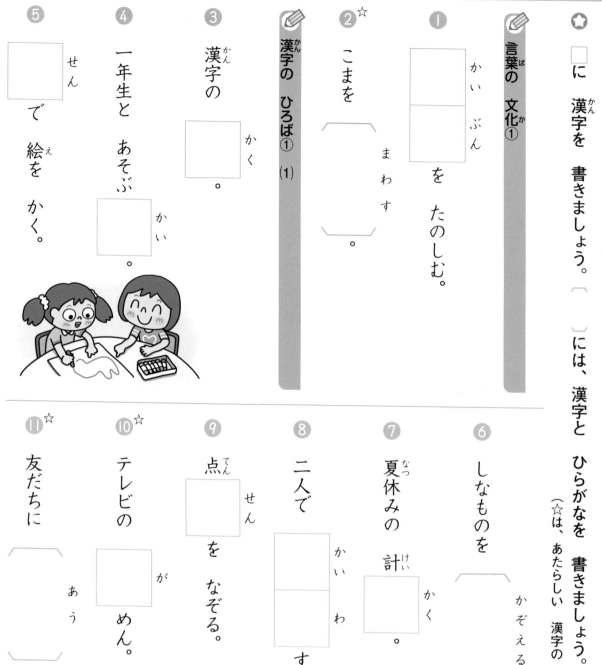

漢《かん》字の　ひろば①　画と　書きじゅん　(2)

/12もん　だい5回

☆ □に 漢《かん》字を 書きましょう。（☆は、あたらしい 漢字の べつの 読みかたです。）

① □《てん》を うつ。

② 花びらの □《かず》。

③ □□《かくすう》を たしかめる。

④ □《うま》に のる。

⑤ 漢《かん》字の 書き □《かた》。

⑥ 図《ず》□《こう》の 時間《じかん》。

⑦ とりの □《はね》。

⑧ テストで □□《ひゃくてん》を とる。

⑨☆ かぼちゃの □□《ばしゃ》。

⑩☆ まっすぐ 線を 引《ひ》く □《ほう》ほう。

⑪☆ □□《だいく》さんが 家《いえ》を たてる。

⑫☆ とりが □《は》ばたく。

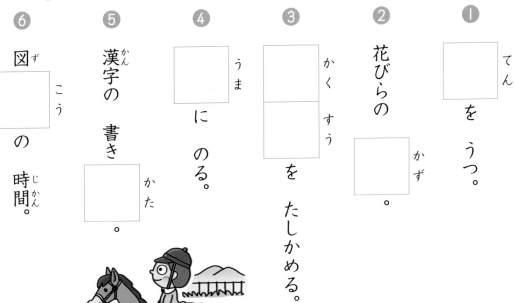

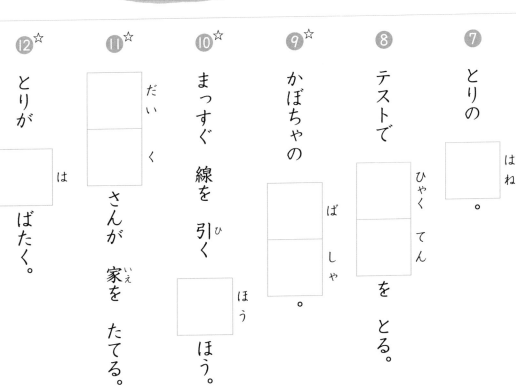

漢字《かん》の ひろば① 一年生で 学んだ 漢字①

/14もん

だい 6 回

☆ □に 漢字《かん》を 書きましょう。〔　〕には、漢字と ひらがなを 書きましょう。

1 □□《にゅうがく》しきが はじまる。

2 □《な》まえを 言う。

3 □□《がっこう》から 帰《かえ》る。

4 □□《せんせい》に よばれる。

5 たき□《び》を する。

6 □《かい》の おみそしる。

7 きれいな □《かわ》の □《みず》。

8 □《き》が まっすぐに 〔　　〕《たつ》。

9 かぶと □《むし》を つかまえる。

10 うえきばちに □《つち》を 入れる。

11 お□□《しょうがつ》の あそび。

12 □《たま》入れを する。

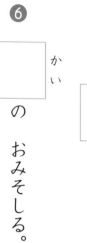

●べんきょうした日　　月　　日

すみれと　あり

だい７回　　／12もん

✩ □に 漢字《かん》を 書きましょう。〔　〕には、漢字と ひらがなを 書きましょう。（☆は、あたらしい 漢字の べつの 読み方です。）

① □《はる》に なる。

② □《みち》ばたの 花。

③ 〔　　〕《たかい》石がき。

④ 花の 〔　　〕《ちかく》。

⑤ □《じ》面《めん》に おちる。

⑥ □□《じぶん》の すの 中へ はこぶ。

⑦ すの □《そと》に すてる。

⑧☆ □□《しゅんぶん》の日は お休みだ。

⑨☆ □□《すいどう》の じゃぐち。

⑩☆ □□□《こうがくねん》の お姉《ねえ》さん。

⑪☆ □《きん》所《じょ》の 人。

⑫☆ 二つに 〔　　〕《わける》。

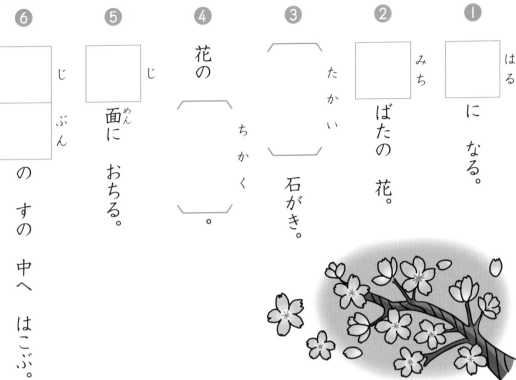

かんさつ発《はっ》見カード
言葉《ば》の　ひろば①　かたかなで　書く　言葉

だい 8 回

/10もん

☆ □に　漢字《かん》を　書きましょう。（☆は、あたらしい　漢字の　べつの　読み方です。）

かんさつ発《はっ》見カード

❶ 星みたいな　□《かたち》。

❷ □□《きいろ》の　花。

❸☆ □□《にんぎょう》で　あそぶ。

❹☆ ひし□《がた》の　おもち。

❺☆ □□□《おうどいろ》の　えのぐ。

言葉《ば》の　ひろば①

❻ □□《がいこく》を　りょこうする。

❼ ひとの　□□《なまえ》。

❽ □《え》を　見る。

❾☆ アメリカと　いう　□《くに》。

❿☆ うんどう会の　□□《ぜんじつ》。

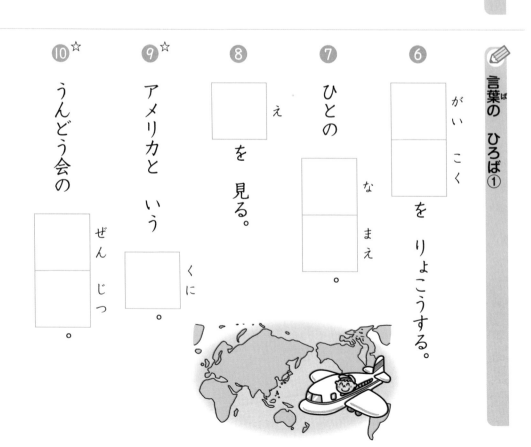

読書の ひろば① 本で しらべよう
「生きものクイズ」で しらせよう

/9もん だい 9 回

☆ □に 漢字《かん》を かきましょう。〔 〕には、漢字と ひらがなを かきましょう。（☆は、あたらしい 漢字の べつの 読み方です。）

読書の ひろば①

1 □□《としょ》館《かん》の 本。

2☆ 町の □□《ちず》。

「生きものクイズ」で しらせよう

3 クイズを 〔 〕《つくる》。

4 □□□《いっしゅうかん》が すぎる。

5 うらに 〔 〕《こたえ》を 書く。

6☆ 紙《かみ》を つかった □□《こうさく》。

7☆ 犬が □□《にんげん》に なつく。

8☆ はしらと はしらの □《あいだ》。

9☆ なか □《ま》と きょう力する。

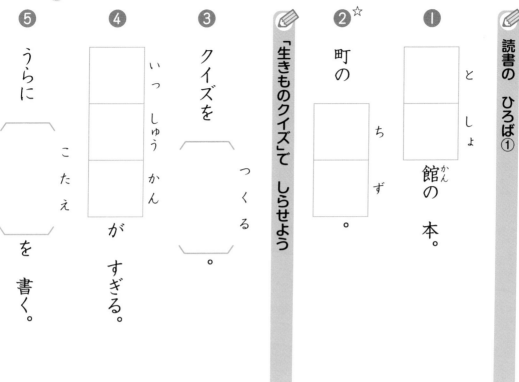

漢《かん》字の　ひろば②　なかまの　言葉《ば》と　漢字　(1)

/12もん　だい10回

☆ □に　漢字《かん》を　書きましょう。〔　〕には、漢字と　ひらがなを　書きましょう。（☆は、あたらしい　漢字の　べつの　読み方です。）

1 もうすぐ　□《ひる》だ。

2 □《よる》に　なる。

3 □《おや》に　ほめられる。

4 □《あに》が　本を　読む。

5 □《ちち》と　話す。

6 □《はは》が　わらう。

7 □《あね》は　歌《うた》が　うまい。

8☆ □□□《じゅうごや》の　お月さま。

9☆ □□《よなか》まで　おきて　いる。

10☆ ぼくの　□□《しんゆう》。

11☆ 近所《じょ》の　人と　〔　　〕《したしい》。

12☆ 教《きょう》会の　神《しん》□《ぷ》さん。

漢字《かん》の ひろば② なかまの 言葉《ば》と 漢字 (2)
言葉の ひろば② 「言葉のなかまさがしゲーム」を しよう

だい11回 /10もん

☆ □に 漢字《かん》を 書きましょう。（☆は、あたらしい 漢字の べつの 読み方です。）

漢字《かん》の ひろば② (2)

1. □《おとうと》と あそぶ。
2. □《いもうと》に 絵本を 読む。
3. □□《いちまん》人が あつまる。
4. □□《こくご》の 時《じ》間。
5. □□《さんすう》が すきだ。
6. □《うみ》で およぐ。
7. まどの □《うち》がわ。
8. ☆ なかの よい □□《きょうだい》。
9. ☆ □□《かいすい》は しょっぱい。

言葉《ば》の ひろば②

10. □《なつ》は あつい。

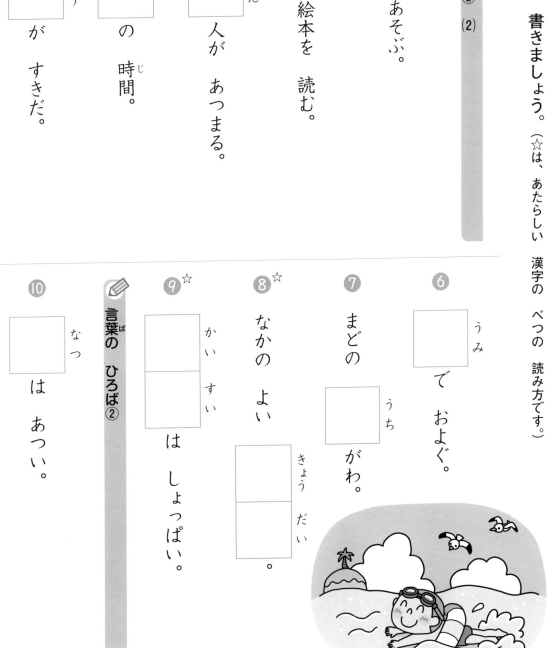

きつねの　おきゃくさま　(1)

/12もん

だい12回

☆ □に 漢《かん》字を 書きましょう。〔　〕には、漢字と ひらがなを 書きましょう。
（☆は、あたらしい 漢字の べつの 読み方です。）

❶ よく 〔　〕《かんがえる》。

❷ ひよこが まるまる 〔　〕《ふとる》。

❸ きつねの お□《にい》ちゃん。

❹ 目を 〔　〕《まるく》 する。

❺ □《こころ》を こめた 手紙《がみ》。

❻ 〔　〕《きり》 かぶに つまずく。

❼ さんぽに 〔　〕《いく》。

❽ とても □□《しんせつ》 だ。

❾ □《とう》さんと つりを する。

❿ □《かあ》さんに しかられる。

⓫☆ □□《まるた》 で 犬ごやを 作る。

⓬☆ □□《いちぎょう》 めから 読む。

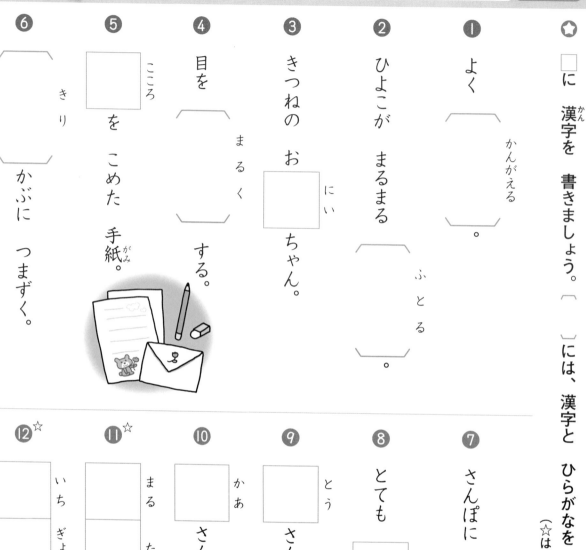

きつねの　おきゃくさま　(2)
言葉《ば》の　ひろば③　うれしく　なる　言葉

/11もん　だい13回

□に 漢《かん》字を 書きましょう。〔　〕には、漢字と ひらがなを 書きましょう。（☆は、あたらしい 漢字の べつの 読み方です。）

きつねの　おきゃくさま　(2)

① □《ねえ》さんが 出かける。

② すな□《ば》で あそぶ。

③ □□《おんがく》の □《さい》が ある。

④☆ せんしゅが □□《にゅうじょう》する。

⑤☆ 〔　　〕《たのしい》 夏休み。

言葉《ば》の　ひろば③

⑥ 言葉《ば》を しょうかいし 〔　　〕《あう》。

⑦ ころんだ □《とき》。

⑧ □□《げんき》が 出る。

⑨ 写《しゃ》生会の □□《じかん》。

⑩ 絵が □□《じょうず》だ。

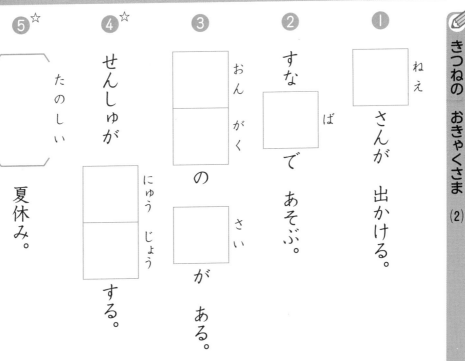

●べんきょうした　日　　月　　日

話したいな、聞きたいな、夏休みのこと
漢《かん》字のひろば③　二つの漢字でできている言葉《ば》　(1)

だい14回　/11もん

☆ □に漢字《かん》を書きましょう。〔　〕には、漢字とひらがなを書きましょう。
（☆は、あたらしい漢字のべつの読み方です。）

話したいな、聞きたいな、夏休みのこと

1 テントを〔　　〕《くみ》立てる。

漢《かん》字のひろば③　(1)

2 □□《しんねん》のあいさつ。

3 □□《こうし》が草を食《た》べる。

4 □□《おやどり》がひなをそだてる。

5 □□《あさいち》がひらかれる。

6 □□《ゆみや》の名人。

7 □□《しんぶん》を読む。

8☆ 〔　　〕《あたらしい》かばん。

9☆ □《ぎゅう》にゅうをのむ。

10☆ □□《はくちょう》のむれ。

11☆ 都《と》□《し》でのくらし。

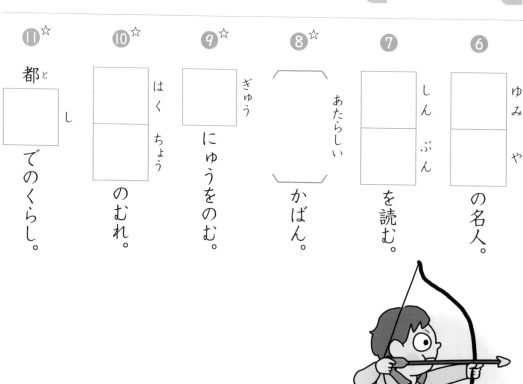

漢字《かん》のひろば③　二つの漢字でできている言葉《ば》　(2)
一年生で学んだ漢字②

/10もん　だい15回

☆ □に漢字《かん》を書きましょう。〔　〕には、漢字とひらがなを書きましょう。
（☆は、新しい漢字のべつの読み方です。）

漢字《かん》のひろば③　(2)

1. □□《けいと》でマフラーをあむ。
2. □□《でんしゃ》にのる。
3. 〔　　〕《ふるい》絵を見る。
4. □《もん》がひらく。
5. ほたるの□《ひかり》。

6. ☆ □《もう》ふにくるまる。
7. ☆ □□《にっこう》にてらされる。

漢字《かん》のひろば③　一年生で学んだ漢字②

8. 学校を〔　　〕《やすむ》。
9. □□《たけうま》にのる。
10. 姉は□《ちから》持《も》ちだ。

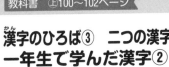

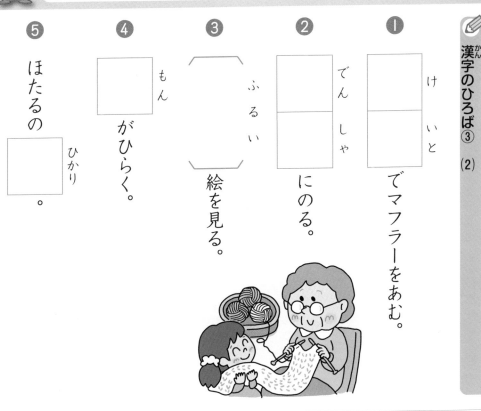

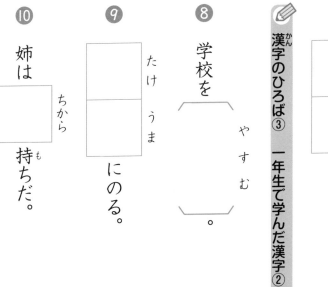

わにのおじいさんのたからもの

/12もん

だい16回

☆ □に漢字《かん》を書きましょう。〔　〕には、漢字とひらがなを書きましょう。（☆は、新しい漢字のべつの読み方です。）

1. はなの□《あたま》。
2. □□《のやま》をあるく。
3. □《からだ》のまわり。
4. □□《はんぶん》ほど、うまる。
5. 〔　　〕《ながい》たびをする。
6. □《かお》を見る。

7. □《かみ》に書きうつす。
8. □□《たにがわ》にそって上る。
9. □《いわ》あなをくぐりぬける。
10. ☆ 行れつの□□《せんとう》。
11. ☆ □□《たいりょく》がある。
12. ☆ □□《こうちょう》せんせいのお話。

言葉《ば》のひろば④ はんたいのいみの言葉、にたいみの言葉
町の「すてき」をつたえます

/11もん

だい17回

☆ □に漢字《かん》を書きましょう。〔　〕には、漢字とひらがなを書きましょう。（☆は、新しい漢字のべつの読み方です。）

言葉《ば》のひろば④

1 犬とねこのどちらが〔　　〕《つよい》か。

2 〔　　〕《よわい》とはかぎらない。

3 〔　　〕《ほそい》毛糸。

4☆ まじめにべん□《きょう》する。

町の「すてき」をつたえます

5 □□□《せいかつか》の時間。

6 しちょうかく□《しつ》に入る。

7 □□《おとな》の本。

8 えらんだ□《り》由《ゆう》。

9 図書館《かん》のことをくわしく〔　　〕《しる》。

10 すきな教《きょう》□《か》は算数だ。

11☆ 花についての□《ち》しきがある。

さけが大きくなるまで

/13もん

だい18回

☆ □に漢字《かん》を書きましょう。〔　〕には、漢字とひらがなを書きましょう。（☆は、新しい漢字のべつの読み方です。）

1 □《きた》の海。

2 大きな□《さかな》。

3 □《あき》になるころ。

4 □《ふゆ》の間に生まれる。

5 〔　〕《ひろい》海でのくらし。

6 たくさんの〔　〕《たべ》もの。

7 もとの川へ〔　〕《かえる》。

8 □《ひがし》と□《みなみ》の間。

9 日が□《にし》にしずむ。

10☆ □□《なんぼく》にのびる道。

11☆ □□《きんぎょ》をかう。

12☆ □□《ゆうしょく》はカレーだ。

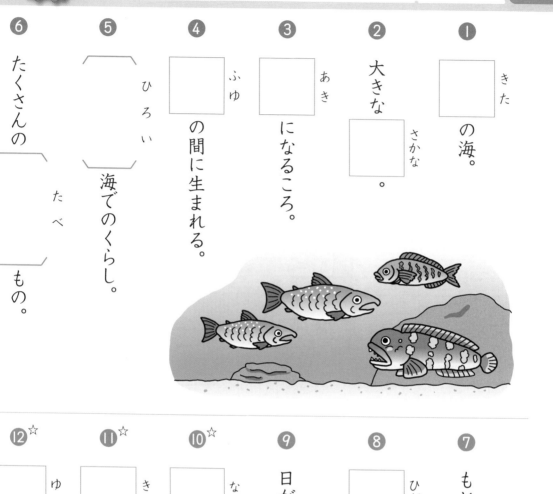

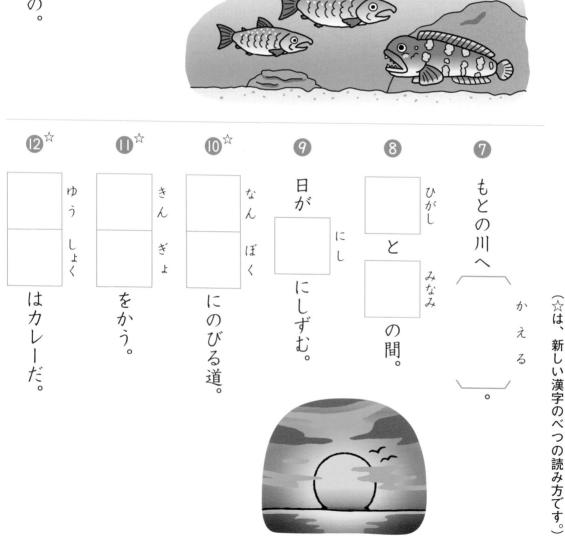

おもしろいもの、見つけたよ
ないた赤おに　(1)

だい19回

/11もん

☆ □に漢字《かん》を書きましょう。〔　〕には、漢字とひらがなを書きましょう。
（☆は、新しい漢字のべつの読み方です。）

おもしろいもの、見つけたよ

1 えさを〔　〕《すこし》やる。

2☆ ゆうかんな□□《しょうねん》。

ないた赤おに　(1)

3 □《いえ》が一けんたっている。

4 頭に□《つの》がついている。

5 □□《ほんとう》にやさしい。

6 いえの□《と》の前。

7 □《くび》をまげる。

8 おいしいお□《ちゃ》。

9 立てふだを〔　〕《ひき》ぬく。

10☆ □□《しかく》いはこ。

11☆ ちきゅうの□□《いんりょく》。

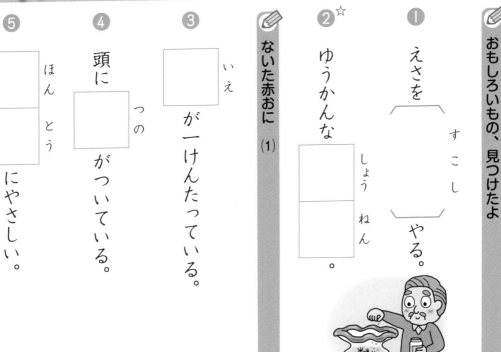

ないた赤おに (2)
「お話びじゅつかん」を作ろう
「クラスお楽しみ会」をひらこう

だい20回　/10もん

☆ □に漢字《かん》を書きましょう。〔　〕には、漢字とひらがなを書きましょう。（☆は、新しい漢字のべつの読み方です。）

ないた赤おに (2)

1 □□《まいにち》おかしをつくる。

2 〔　　〕《とおい》山の方。

3 はしらにひたいをうち〔　　〕《あてる》。

4 〔　　〕《うしろ》から見る。

5☆ □□《えんそく》に行く。

「お話びじゅつかん」を作ろう

6☆ □□《しょくご》にテレビをみる。

7 □□《きょうしつ》に入る。

8 □《こう》代《たい》で話す。

9☆ 答えを〔　　〕《おしえる》。

「クラスお楽しみ会」をひらこう

10 人数が〔　　〕《おおい》。

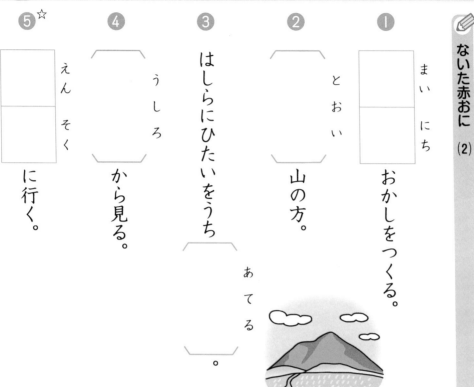

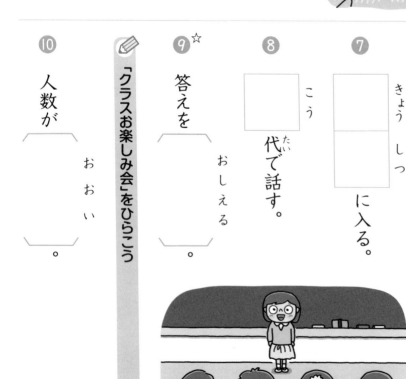

漢字《かん》の広場④　漢字のつかい方と読み方

/12もん

だい21回

☆ □に漢字《かん》を書きましょう。〔　〕には、漢字とひらがなを書きましょう。

（☆は、新しい漢字のべつの読み方です。）

① 〔　　〕《はれ》の日が多い。

② □□《かいしゃ》ではたらく。

③ 学校まで〔　　〕《あるく》。

④ パンが〔　　〕《うれる》。

⑤ 本を〔　　〕《うる》。

⑥ おつりを□□《けいさん》する。

⑦ □《にく》を食べる。

⑧ □《ふね》でたびをする。

⑨☆ □□《せいてん》がつづく。

⑩☆ さん□《ぽ》をする。

⑪☆ 時間を〔　　〕《はかる》。

⑫☆ フェリーの□□《せんちょう》。

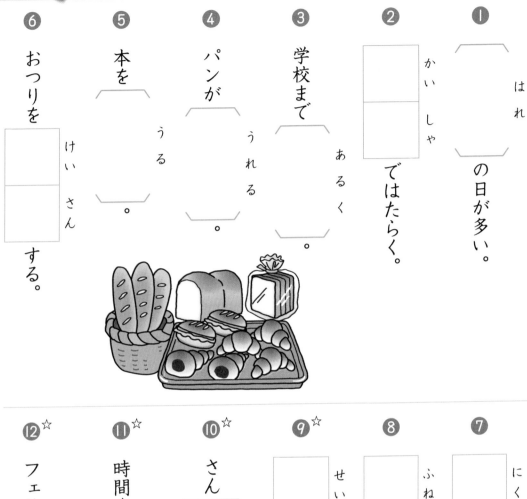

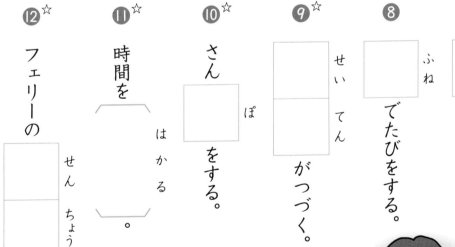

漢字《かん》の広場④　一年生で学んだ漢字③
ジャンプロケットを作ろう

だい22回

/10もん

☆ □に漢字《かん》を書きましょう。〔　〕には、漢字とひらがなを書きましょう。

漢字《かん》の広場④　一年生で学んだ漢字③

① □《はや》おきをする。

② □□《てんき》よほうをみる。

③ 空を〔　　《みる》〕。

④ □□《あまおと》を聞く。

⑤ つくえの□《した》。

ジャンプロケットを作ろう

⑥ □《みみ》をすます。

⑦ □《あし》を上げる。

⑧ □《じ》を書く。

⑨ □《ちゅう》くらいの大きさ。

⑩ はっしゃ□《だい》を作る。

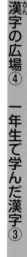

かさこじぞう (1)

だい23回　/12もん

☆ □に漢字《かん》を書きましょう。〔　〕には、漢字とひらがなを書きましょう。
（☆は、新しい漢字のべつの読み方です。）

① もちを〔　　〕《かう》。

② うすやきねを売る□《みせ》。

③ 村のはずれの野っ□《ぱら》。

④ 村まで〔　　〕《くる》。

⑤ □《かぜ》が出てくる。

⑥ □《ゆき》にうもれる。

⑦ □《こめ》のもち。

⑧☆ □□《しょてん》で本をえらぶ。

⑨☆ 広い□□《そうげん》。

⑩☆ ぼくは□□《らいげつ》八才になる。

⑪☆ □□《ふうりょく》はつ電。

⑫☆ □□《はくまい》を食べる。

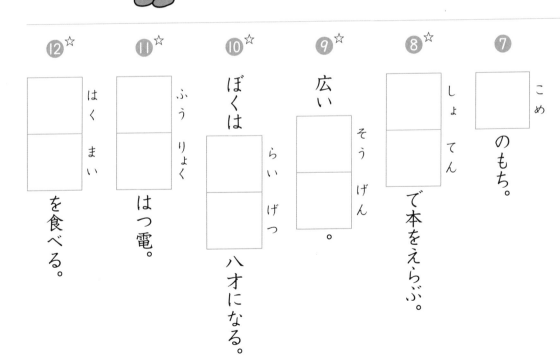

かさこじぞう (2)
言葉《ば》の文化《か》⑤ かるたであそぼう

/10もん

だい24回

☆ □に漢字《かん》を書きましょう。〔 〕には、漢字とひらがなを書きましょう。（☆は、新しい漢字のべつの読み方です。）

かさこじぞう (2)

1. 〔　　〕《うたう》声が聞こえる。
2. うちの前で〔　　〕《とまる》。
3. □《いけ》にすむ魚。
4. □□《さとやま》をまもる。
5. □《てら》のかねがなる。

6. □《むぎ》がみのる。
7. ☆ □□《こうか》をうたう。
8. ☆ 遠足が□□《ちゅうし》になる。
9. ☆ おもちゃに□□《でんち》を入れる。

言葉《ば》の文化《か》⑤

10. □□《とうきょう》のかるた。

言葉《ば》の広場⑤　主《しゅ》語とじゅつ語
こんなことができるようになったよ
言葉《ば》の広場⑥　音や様《よう》子をあらわす言葉

/10もん

だい25回

☆ □に漢字《かん》を書きましょう。〔　〕には、漢字とひらがなを書きましょう。（☆は、新しい漢字のべつの読み方です。）

言葉《ば》の広場⑤

1 あなたが□□《とうばん》だ。

2 いわし□《ぐも》を見上げる。

こんなことができるようになったよ

3 風がふいたときに〔　　〕《はしる》。

4 文章《しょう》を〔　　〕《なおす》。

5 げんこう□□《ようし》に書く。

言葉《ば》の広場⑥

6☆ 百メートル□《そう》。

7☆ □□《しょうじき》に話す。

8 せみが〔　　〕《なく》。

9 すずが〔　　〕《なる》。

10☆ 悲《ひ》□《めい》をあげる。

漢《かん》字の広場⑥　組み合わせてできている漢字
一年生で学んだ漢字④
アレクサンダとぜんまいねずみ

だい26回　/11もん

□に漢《かん》字を書きましょう。〔　〕には、漢字とひらがなを書きましょう。
（☆は、新しい漢字のべつの読み方です。）

漢字《かん》の広場⑥

① すばらしい発《はっ》□《めい》。

② むかしの□《かたな》。

③ 〔　〕《よあけ》前に目がさめる。

④☆ 〔　〕《あかるい》へや。

漢字《かん》の広場⑥　一年生で学んだ漢字④

⑤ □《そら》に月が出る。

⑥ □《はやし》や□《もり》。

⑦ □《ひだり》にまがる。

アレクサンダとぜんまいねずみ

⑧ その日の□□《ごご》。

⑨ 白と□《くろ》のしまもよう。

⑩☆ □《こく》板《ばん》に名前を書く。

答え

2年

だい1回

①書く ②日記
③生活 ④日曜日
⑤朝 ⑥友
⑦記 ⑧書
⑨記す ⑩早朝
⑪友人

だい2回

①一通 ②色
③思い ④今
⑤声 ⑥何
⑦言う ⑧今
⑨読む ⑩通し
⑪音読 ⑫言

だい3回

①公園 ②聞く
③話し ④汽車
⑤星 ⑥同じ
⑦公 ⑧園
⑨話 ⑩話
⑪火星 ⑫同

だい4回

①回文 ②回す
③画 ④会
⑤線 ⑥数える
⑦画 ⑧会話
⑨線 ⑩画
⑪会う

だい5回

①点 ②数
③画数 ④馬
⑤方 ⑥工
⑦羽 ⑧百点
⑨馬車 ⑩方
⑪大工 ⑫羽

だい6回

①入学 ②名
③学校 ④先生
⑤火 ⑥貝
⑦川・水 ⑧木・立つ
⑨虫 ⑩土
⑪正月 ⑫玉

だい7回

①春 ②道
③高い ④近く
⑤地 ⑥自分
⑦外 ⑧春分
⑨水道 ⑩高学年
⑪近 ⑫分ける

だい8回

①形 ②黄色
③人形 ④形
⑤黄土色
⑥外国 ⑦名前
⑧絵 ⑨国
⑩前日

だい9回

①図書 ②地図
③作る ④一週間
⑤答え ⑥工作
⑦人間 ⑧間
⑨間

だい10回

①昼 ②夜
③親 ④兄
⑤父 ⑥母
⑦姉 ⑧十五夜
⑨夜中 ⑩親友
⑪親しい ⑫父

だい11回

①弟 ②妹
③一万 ④国語
⑤算数 ⑥海
⑦内 ⑧兄弟
⑨海水
⑩夏

だい12回

①考える ②太る
③兄 ④丸く
⑤心 ⑥切り
⑦行く ⑧親切
⑨父 ⑩母
⑪丸太 ⑫一行

答え

だい13回

①姉 ②場
③音楽・オ ④入場
⑤楽しい
⑥合う ⑦時
⑧元気 ⑨時間
⑩上手

だい14回

①組み
②新年 ③子牛（小牛）
④親鳥 ⑤朝市
⑥弓矢 ⑦新聞
⑧新しい ⑨牛
⑩白鳥 ⑪市

だい15回

①毛糸 ②電車
③古い ④門
⑤光 ⑥毛
⑦日光
⑧休む ⑨竹馬
⑩力

だい16回

①頭 ②野山
③体 ④半分
⑤長い ⑥顔
⑦紙 ⑧谷川
⑨岩 ⑩先頭
⑪体力 ⑫校長

だい17回

①強い ②弱い
③細い ④強
⑤生活科 ⑥室
⑦大人 ⑧理
⑨知る ⑩科
⑪知

だい18回

①北 ②魚
③秋 ④冬
⑤広い ⑥食べ
⑦帰る ⑧東・南
⑨西 ⑩南北
⑪金魚 ⑫夕食

だい19回

①少し ②少年
③家 ④角
⑤本当 ⑥戸
⑦首 ⑧茶
⑨引き ⑩四角
⑪引力

だい20回

①毎日 ②遠い
③当てる ④後ろ
⑤遠足 ⑥食後
⑦教室 ⑧交
⑨教える
⑩多い

だい21回

①晴れ ②会社
③歩く ④売れる
⑤売る ⑥計算
⑦肉 ⑧船
⑨晴天 ⑩歩
⑪計る ⑫船長

だい22回

①早 ②天気
③見る ④雨音
⑤下 ⑥耳
⑦足 ⑧字
⑨中
⑩台

だい23回

①買う ②店
③原 ④来る
⑤風 ⑥雪
⑦米 ⑧書店
⑨草原 ⑩来月
⑪風力 ⑫白米

だい24回

①歌う ②止まる
③池 ④里山
⑤寺 ⑥麦
⑦校歌 ⑧中止
⑨電池
⑩東京

だい25回

①当番　②雲
③走る　④直す
⑤用紙　⑥走
⑦正直
⑧鳴く　⑨鳴る
⑩鳴

だい26回

①明　②刀
③夜明け　④明るい
⑤空　⑥林・森
⑦左
⑧午後　⑨黒
⑩黒

教科書ワーク
もくじ

東京書籍版
国語2年

動画　コードを読《よ》みとって、下《した》の番号《ばんごう》の動画《どうが》を見《み》てみよう。

【イラスト】 artbox，いけべけんいち。，かつまたひろこ，クリエイティブ・ノア，TICTOK
【図版提供】東京書籍

たけのこ ぐん

教科書 ㊤見返《みかえ》し～1ページ
答え 1ページ

もくひょう
●たけのこが のびる ようすに 気を つけて よんで みよう。

べんきょうした日 月 日

おわったら シールを はろう

しを よんで、こたえましょう。

たけのこ ぐん

ぶしか えつこ

たけのこが
ぐん
せのびして
つちを わったよ

1 よく出る たけのこが のびる ようすを あらわす ことばを かきましょう。

（　　　　）

2 「せのびして／つちを わったよ」に ついて こたえましょう。

(1) 「せのび」したのは、だれ（なに）ですか。

（　　　　）

すぐ まえに、「たけのこが／ぐん」と あるよ。つちの 中で いきおい よく のびる ようすだね。

ことばの いみ プラス

1ぎょう たけのこ…竹の わかい め。ちゃいろい かわに つつまれて いる。
6ぎょう つゆ…くうき中の 水分《ぶん》が、ものの 上で 水の つぶに なった もの。

あたまに　きらり
つゆを　のせてる
あさの　おほしさんに
もらったのかな

たけのこ　のびろ
ぐん

(2) 「つちを　わったよ」から、どんな　ようすが　わかりますか。（二つに　○を　つけましょう。）

「つちを　わった」は、つちに　さけめを　つくって　出た　ようすだよ。出て　きたばかりの　ところだね。

ア（　）まだ　つちから　出て　いない　ようす。
イ（　）つちから　からだを　ぜんぶ　出した　ようす。
ウ（　）つちから　あたまを　すこし　出した　ようす。

3 「つゆ」を、だれ（なに）から　もらったと　かんがえて　いますか。

（　　　　　　）

4 この　しの　たけのこに　あう　ものは　どれですか。

「ぐん」は、どんな　かんじが　するかな。

ア（　）力づよい
イ（　）やわらかい
ウ（　）おとなしい

ものしりメモ

たけのこは、とても　はやく　のびるんだよ。なんと　1日に　1メートルぐらい　のびる　ことも　あるそうだよ。

きほんのワーク

風の　ゆうびんやさん

教科書 上14～24ページ

答え 1ページ

べんきょうした日　月　日

もくひょう
●人ぶつの　ようすを　おもいうかべて、お話を　音読しよう。
●ことばの　つかいかたを　しろう。

おわったら　シールを　はろう

かん字れんしゅうノート3ページ

あたらしい　かん字

◀れんしゅうしましょう。

ひつじゅん　1　2　3　4　5

教科書ページ	かん字	読み	画数	ひつじゅん
16	風	かぜ	9画	ノ几凡凡凡凧凧風風
18	元	げん	4画	一二テ元
18	読	よむ　どく	14画	言言言言計読読読
19	言	いう	7画	丶亠亠言言言言
21	光	ひかる	6画	丨丬业业光光
22	話	はなし　はなす	13画	丶言言言訁話
23	丸	まる　まるい　まるめる	3画	ノ九丸
23	声	こえ	7画	一十士吉吉吉声

○あたらしい　かん字
●読みかえの　かん字
◆とくべつな　読みかた

1 かん字の　読み

読みがなを　かきましょう。

① 風が　ふく。（　　）
② みんな　元気だ。（　　）
③ はがきを　読む。（　　む）
④ おかあさんが　言う。（　　う）
⑤ 木かげを　くぐる。（　　）
⑥ くもの　すが　光る。（　　る）
⑦ お話を　する。（　　）
⑧ 丸を　つける。（　　）

3 ことばの　ちしき

[　]から　えらんで　あう　ことばを　かきましょう。

① ちょうが　（　　　）　パーティーへ　出かける。

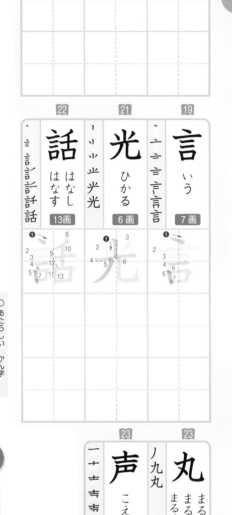

2 かん字の かき　かん字を かきましょう。

① □《かぜ》が つよい。

② ぎんいろに □《ひか》る。

③ お□《はなし》の □□《おんどく》。

④ □□《げんき》な □《こえ》。

元

下の ほうを ながく かこう。

ないようを つかもう！

☆ 風の ゆうびんやさん

お話の じゅんに なるように、○に ２～４の ばんごうを かきましょう。

教科書 16～21ページ

1

② じてん車で さかみちを （　　） はしる。

すいすい　いそいそ

うごきの ようすを あらわして いるね。

4 かん字の ちしき　おなじ かん字の ちがう 読みがなを かきましょう。

人の 話（　　）を きく。

だれかと 話（　　す）す。

どちらも 「話」の 読みかただね。

ものしりメモ　声に 出して 読む ことを 「音読《おんどく》」、声に 出さないで 読む ことを 「もく読《どく》」と いうよ。「もく」は、「だまって」と いう いみなんだよ。

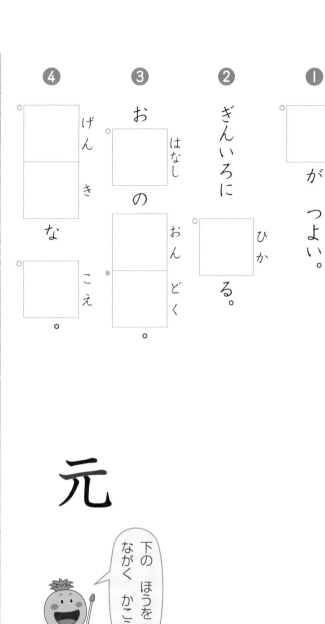

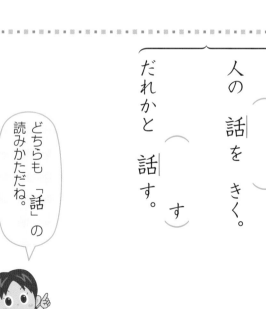

れんしゅうのワーク

風の ゆうびんやさん

教科書 上14～24ページ
答え 1ページ

できるナビ
風の ゆうびんやさんの ようすに 気を つけて、ばめんを 読みとろう。

べんきょうした日 月 日

おわったら シールを はろう

文しょうを 読んで、こたえましょう。

風の ゆうびんやさんは、風の じてん車に のって やってきます。リンリンと ベルを ならして、ひゅうっと とおりすぎて いきます。

ゆうびんやさんの かばんは、はいたつする 手がみで いっぱいです。でも、ちっとも おもたそうでは ありません。せまい みちでも、さかみちでも、ゆうびんやさんは、口ぶえを ふきながら、すいすい はしります。

「あげはちょうさん、ゆうびんです。」

花びらみたいな、いい においの

1 よく出る 「風の ゆうびんやさん」は、なにを して いますか。

風の（　　　）に のって、

たくさんの（　　　）や はがきを

はいたつして いる。

2 「口ぶえを ふきながら、すいすい はしります」と ありますが、ここから ゆうびんやさんの どんな ようすが わかりますか。（一つに ○を つけましょう。）

ア（　）はやく はいたつを おわらせなければと、あせって いる。

イ（　）はいたつする ことを、こころの 中では いやがって いる。

ウ（　）おもたい 手がみも 気に しないで、はいたつを たのしんで いる。

ことばの いみ プラス
6ぎょう はいたつ…手がみなどを くばる こと。 12ぎょう すいすい…はやく みがるに うごく ようす。 21ぎょう ぜひ…「かならず」と いう、つよい 気もちを あらわす。

手がみが　とどきました。

「あら、うれしい。パーティーの　しょうたいじょうですって。こうえんで、ばらの　花が　さいたんですって。ぜひ　いかなくちゃ。」

おしゃれな　あげはちょうは、いそいそと　したくを　はじめます。

「犬さん、ゆうびんです。」

にわの　犬ごやの、おじいさん犬の　ところには、はがきが　とどきました。

「ほう。となり町に　ひっこして　いった、まごたちからだ。みんな　元気に　くらして　います、か。うん。よかった、よかった。」

〈たけした ふみこ「風の　ゆうびんやさん」に　よる〉

3 よく出る● 「あげはちょうは、いそいそと　したくを　はじめます」に　ついて　こたえましょう。

(1) あげはちょうは、どこへ　いく　したくを　して　いますか。

こうえんで　ひらく（　　　　）。

(2) 「いそいそと」から、あげはちょうの　どんな　気もちが　わかりますか。

「いそいそ」は、たのしみに　して、はりきって　なにかを　する　ようすを　あらわす　ことばだよ。

ア（　）しょうたいされて　こまった。

イ（　）しょうたいされて　うれしい。

ウ（　）しょうたいされて　びっくりだ。

4 「よかった、よかった。」と　ありますが、おじいさん犬は、どんな　ことを　しって、あんしんして　いますか。

となり町に（　　　　）いった　まごたちが、みんな（　　　　）くらして　いる　こと。

おじいさん犬に　とどいた　はがきには、なんと　かいて　あったかな？

ものしりメモ　むかしの　ゆうびんやさんは、小さな　はこに　入れた　手がみを　かついで、はしって　とどけて　いたんだよ。はいたつに　30日も　かかる　ことが　あったんだって。

きほんのワーク

かん字を つかおう1／としょかんへ 行こう　きせつの 足音――はる

教科書 上25～31ページ
答え 2ページ
べんきょうした日　月　日

もくひょう
●かん字の あたらしい 読みを おぼえよう。
●としょかんの 本の ならびじゅんに ついて しろう。

かん字れんしゅうノート4～5ページ

おわったら シールを はろう

あたらしい かん字

◀れんしゅうしましょう。

ひつじゅん 1 2 3 4 5

教科書26ページ
行《いく》　6画　ノ ク 彳 行 行 行

26
分《わける・わかれる・わかる・わかつ》　4画　ノ 八 分 分

29
記《き》　10画　亠 言 言 言 記 記

1 かん字の 読み　読みがなを かきましょう。

○あたらしい かん字　●読みかえの かん字　◆とくべつな 読みかた

① 花（　）だんを 見る。
② こん虫（　）の かんさつ。
③ 一日中（　）あつい。
④ 空（き）きばこに しまう。
⑤ あかるい 光（　）。
⑥ まぶしい 日光（　）。
⑦ 小川（　）で あそぶ。
⑧ 上下（　）に うごかす。
⑨ かいだんを 上（る）る。
⑩ 学校へ 行（く）く。

2 かん字の かき　かん字を かきましょう。

① 本を ［　］《わ》ける。
② しあいの ［　］《き》ろく。

3 一年生の かん字　かん字を かきましょう。

① ［　］《たけ》やぶに ［　］《はい》る。

せんが つきぬけるか、つきぬけないかに、ちゅういしよう。

4 としょかんへ 行こう

あう ほうに、○を つけましょう。

1 としょかんに ある 本は、0るいから 9るいまでの
{ア( )なかま
イ( )だい名}
に 分けて ならべられて いる。

2 としょかんの 本は、きまった じゅんじょで、
{ア( )右から 左
イ( )左から 右}
、上から 下に ならべられて いる。

517
カ

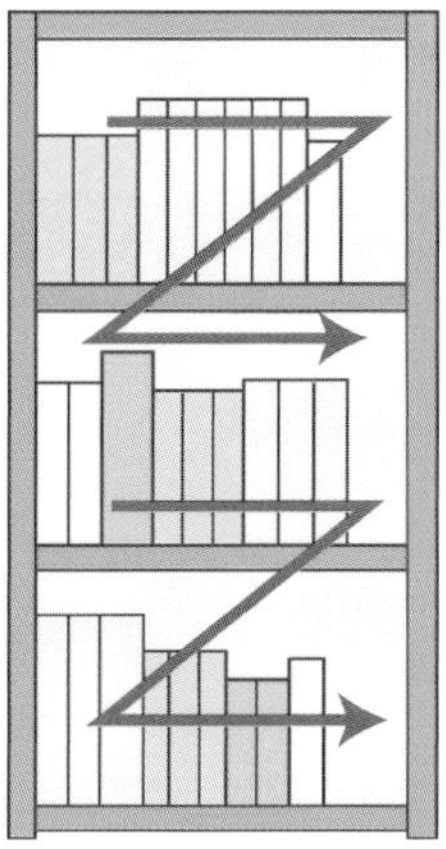

3 右の ラベルの 本は、
{ア( )7るい
イ( )5るい}
の 本だ。

5 きせつの 足音——はる

しを 読んで、こたえましょう。

たんぽぽ

かわさき ひろし

たんぽぽが
たくさん 飛《と》んで いく
ひとつ ひとつ
みんな 名前《まえ》が あるんだ
おうい たぽんぽ
おうい ぽぽんた
おうい ぽんたぽ
おうい ぽたぽん
川に 落《お》ちるな

5

● しの 中から、たんぽぽの 名前を、ぜんぶ さがして かきましょう。

( )
( )
( )
( )

ものしりメモ

きょうかしょには、「おがわの はる」という しも のって いるね。この ワークに ついて いる 「答《こた》えとてびき」の 23ページで しょうかいして いるので、読んで みよう。

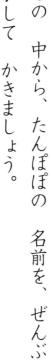

きほんのワーク

かん字の 書き方
はたらく 人に 話を 聞こう

教科書 上32～37ページ　答え 2ページ

べんきょうした日　月　日

もくひょう
- ひつじゅんに ちゅういして かん字を 書こう。
- だいじな ことを おとさず 聞きとろう。

かん字れんしゅうノート5ページ

おわったら シールを はろう

あたらしい かん字

◀れんしゅうしましょう。　ひつじゅん 1 2 3 4 5

教科書ページ	かん字	読み	画数
32	書	かく・しょ	10画
32	方	かた	4画
32	作	つくる	7画
32	点	てん	9画
32	線	せん	15画
32	画	かく	8画
33	数	かず・すう	13画
34	聞	きく・きこえる	14画
35	何	なに・なん	7画
35	考	かんがえる	6画

1 かん字の 読み　読みがなを 書きましょう。

○あたらしい かん字　●読みかえの かん字　◆とくべつな 読み方

❶ 字の 書（き）き 方（　）。

❷ 文を 作（　）る。

❸ 点（　）と 線（　）。

❹ 画（　）数（　）を たしかめる。

2 かん字の 書き　かん字を 書きましょう。

❶ □《なに》かを □《き》く。

❷ □《つく》る ものを □《かんが》える。

「何」と「作る」には、おなじ ぶぶんが あるね。

3 ★ かん字の 書き方

よく出る● 正しい ひつじゅんの ほうに、○を つけましょう。

1 日

ア（　）　イ（　）

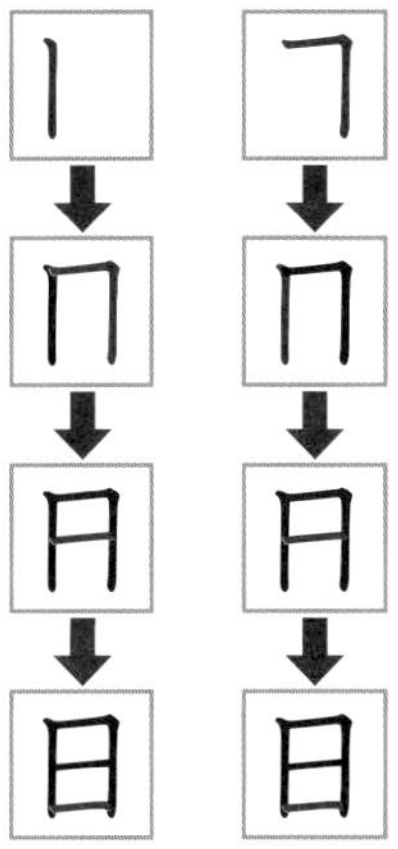

2 文

ア（　）　イ（　）

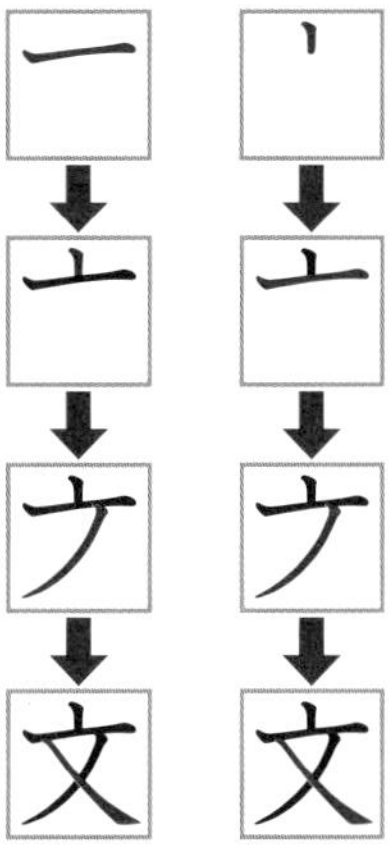

3 本

ア（　）　イ（　）

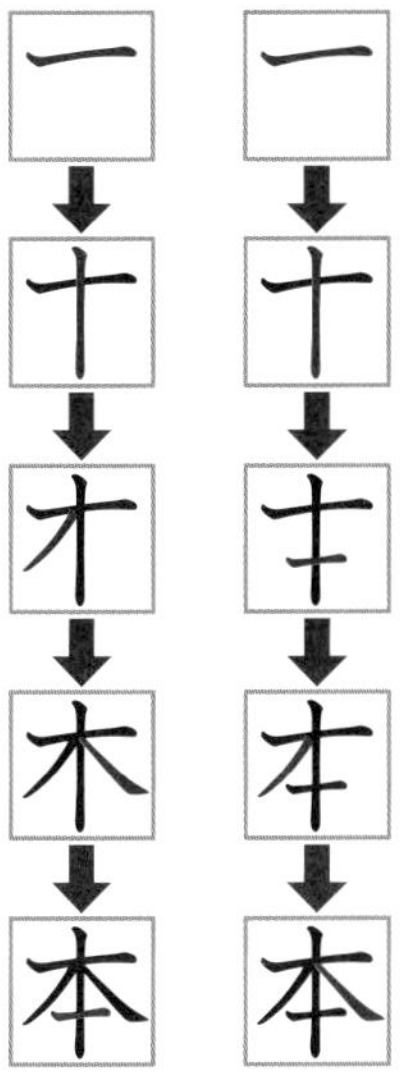

かん字を 書く じゅんじょの ことを、「ひつじゅん」と いうよ。

4

つぎの かん字は、どこから 書きはじめますか。一画目を なぞりましょう。

1 花　2 出　3 水

5 ★ はたらく 人に 話を 聞こう

上田《うえだ》さんは、としょしつの 木村《きむら》先生に しごとの 話を 聞く ことに なりました。つぎの もんだいに こたえましょう。

1 上田さんの 聞きたい ことに あう しつもんは どれですか。（一つに ○を つけましょう。）

ア（　）どんな しごとを して いますか。

イ（　）どうして としょしつの 先生に なったのですか。

ウ（　）おすすめの 本は どれですか。

としょしつの 先生って、どんな ことを して いるんだろう。

2 つぎの 木村先生の 話で、だいじな ことばは どれですか。――を ひきましょう。

上田さん　たいへんな ことは 何ですか。

木村先生　どの 本が どこに あるかを おぼえる ことです。としょしつには なんさつの 本が あると おもいますか。

ものしりメモ　かん字の ひつじゅんは、ふつう、「上から 下」、「左から 右」の じゅんに 書く ことが おおいよ。

まとめのテスト

風の　ゆうびんやさん　ほか

教科書 上14～37ページ　答え 2ページ

じかん 20ぷん

とく点　/100点

おわったら シールを はろう

べんきょうした日　月　日

1 文しょうを　読んで、こたえましょう。

リンリン。じてん車の　ベルを　ならして、ゆうびんやさんは、みどりの　木かげを　くぐります。

「くもさん、ゆうびんです。」

おや、くもさんは、おひるね中だ。

ゆうびんやさんは、くもの　すの　はしっこに、小さな　みどりいろの　ふうとうを、ていねいに　はさみました。くもが　目を　さましたら、すぐ　気が　つくように。

でも、しらない　人が　見たら、ぎんいろに　光る

2 「くもさん、ゆうびんです。」に　ついて　こたえましょう。

チャレンジ!

(1) ゆうびんやさんが　こう　言った　とき、くもさんは、何を　して　いましたか。〔10点〕

（　　　　）

(2) くもさんに　とどけた　ゆうびんは、どんな　ものでしたか。〔8点〕

ア（　）まっ白な　しかくい　手がみ。

イ（　）ぎんいろに　光る　小さな　はっぱ。

ウ（　）小さな　みどりいろの　ふうとう。

3 よく出る　「はいたつする　手がみは、まだ　まだ　たくさん　あります。」と　いう　ことを、ゆうびんやさんは、どう　おもって　いますか。〔8点〕

ア（　）ああ、いやだな。

イ（　）よし、がんばろう。

ウ（　）おや、おかしいな。

ことばの いみ プラス　4ぎょう　木かげ…木の　下の　日かげ。　10ぎょう　ふうとう…手がみなどを　入れる　かみの　ふくろ。　11ぎょう　ていねいに…こまかい　ところまで　気を　つける　ようす。

くもの　すに、小さな　はっぱが　ひっかかって
いるだけだと　おもうかも　しれません。
はいたつする　手がみは、
まだ　まだ　たくさん
あります。風の
ゆうびんやさんは、
口ぶえを　ふきながら、
元気よく　はしって
いきます。

〈たけした　ふみこ「風の　ゆうびんやさん」に　よる〉

20

1 よく出る 「リンリン。」に　ついて　こたえましょう。

(1) 何の　音を　あらわして　いますか。　一つ8〔16点〕

風の（　　　）の、

じてん車の（　　　）の　音。

(2) どのように　読むと　よいですか。（一つに　○を　つけましょう。）〔8点〕

ア（　）ひくい　声で　どなるように。

イ（　）たかい　声で　はずむように。

ウ（　）小さな　声で　くるしそうに。

4 ゆうびんやさんは　どんな　人だと　おもいますか。考えて　書きましょう。〔15点〕

書いてみよう！

（　　　）人。

2 つぎの　かん字の　画数を、数字で　書きましょう。　一つ5〔20点〕

① 線（　）画

② 画（　）画

③ 方（　）画

④ 記（　）画

3 つぎの　かん字は、どこから　書きはじめますか。一画目を　なぞりましょう。　一つ3〔15点〕

① 右

② 左

③ 上

④ 車

⑤ 耳

ものしりメモ　人の　いえに　すむ　くもの　中には、ハエや　ダニなどを　とって　くれる、やくに　立つ　ものも　いるんだって。

きほんのワーク

たんぽぽ

教科書　上38～48ページ
答え　3ページ
べんきょうした日　月　日

もくひょう
●書いて　ある　ことを、じゅんじょに　気を　つけて　読みとろう。
●時を　あらわす　ことばを　しろう。

おわったら　シールを　はろう

あたらしい　かん字

◀れんしゅうしましょう。　ひつじゅん　1 2 3 4 5

教科書ページ	かん字	読み	画数	ひつじゅん
42	夜	よる	8画	亠 广 疒 夜 夜 夜
42	間	あいだ　かん	12画	丨 ⺆ 尸 門 門 間
43	多	おおい	6画	ノ ク タ タ 多 多
43	少	すくない	4画	丨 亅 小 少
44	毛	け	4画	一 二 三 毛
44	当	あたる　あてる	6画	丨 丨丨 丷 当 当 当
46	時	じ　とき	10画	日 日 日十 日土 時 時
48	活	かつ	9画	丶 氵 汁 汗 活 活
48	科	か	9画	一 二 千 禾 禾 科

かん字れんしゅうノート6ページ

1 かん字の　読み

読みがなを　書きましょう。

○あたらしい　かん字　●読みかえの　かん字　◆とくべつな　読み方

1. ○夜の　○間、花が　とじる。（　）（　）
2. 数を　●数える。（　）える
3. 雨の　日が　○多い。（　）い
4. はれた　日が　○少ない。（　）ない
5. わた○毛が　ひらく。（　）
6. かおに　風が　○当たる。（　）たる
7. ○時●間が　かかる。（　）（　）
8. ながい　●時が　たつ。（　）

3 かん字の　ちしき

はんたいの　いみの　ことばを、かん字と　ひらがなで　書きましょう。

1. おおい（　）↔ すくない（　）

⑨ 生活科（　　）の　じゅぎょう。

⑤「わた毛」の　ときの「毛」は、音が　にごるよ。

2 かん字の　書き　かん字を　書きましょう。

① わた□《げ》が　とぶ。

② くじが　□《あ》たる。

③ □□□《せいかつか》で、花の　たねを　うえる。

ないようを　つかもう！

☆たんぽぽ　たんぽぽは、なかまを　ふやす　ために、どのように　かわって　いきますか。左の　えを　見て、じゅんに　なるように　○に　1～3の　ばんごうを　書きましょう。

教科書 42～45ページ

4 ことばの　ちしき　つぎの　ア～ウを、時間の　じゅんじょに　そって、ならべましょう。

ア 夜の　間、花が　とじる。

イ 夕方　日が　かげる。

ウ つぎの　日、日が　さす。

（　　）→（　　）→（　　）

5 ことばの　ちしき　上の　ことばに　つづく　ことばを　下から　えらんで、•—•で　むすびましょう。

① 花が　•　　•ア　じゅくす。

② くきが　•　　•イ　のびる。

③ みが　•　　•ウ　しぼむ。

たんぽぽが　どんなふうに　なって　いるか、ようすを　おもいうかべて　みよう。

ものしりメモ　たんぽぽは、たべる　ことも　できるよ。たんぽぽには、おなかの　ちょうしを　よく　する　はたらきなどが　あるんだって。（たべる　ときは　おうちの　人に　かくにんしましょう。）

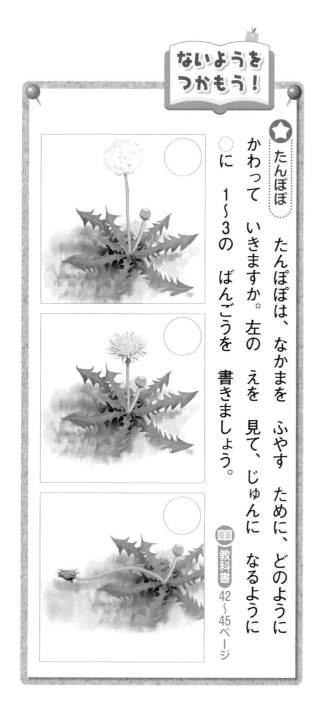

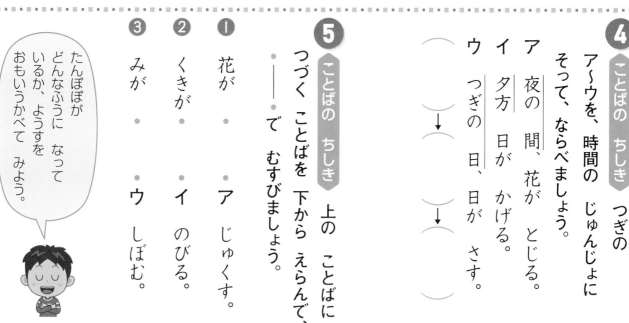

れんしゅうのワーク

たんぽぽ

教科書 上38～48ページ
答え 3ページ

できるナビ
たんぽぽの 花の しくみや、なかまの ふやし方を じゅんじょよく 読みとろう。

べんきょうした日 月 日

おわったら シールを はろう

文しょうを 読んで、こたえましょう。

はるの はれた 日に、花が さきます。花は、夕方 日が かげると、とじて しまいます。夜の 間、ずっと とじて います。つぎの 日、日が さして くると、また ひらきます。

花を よく 見て みましょう。一つの 花のように 見えるのは、小さな 花の あつまりなのです。小さな 花を 数えて みたら、百八十も ありました。これより 多い ものも、少ない ものも あります。この 小さな 花に、みが 一つずつ できるように なって います。

花が しぼむと、みが そだって いきます。

2 「一つの 花のように 見える」と ありますが、ほんとうは どんな ものなのですか。

（　　　　　　　　）

花を よく 見て、分かった ことを せつめいして いる ぶぶんから 読みとろう。

3 よく出る たんぽぽの 小さな 花に ついて、あう もの 一つに ○を つけましょう。

ア（　）小さな 花の 数は、百八十と きまって いる。

イ（　）小さな 花には、みが 一つずつ できる。

ウ（　）小さな 花の うちの 一つだけに、みが できる。

ことばの いみ プラス
2ぎょう かげる…くらく なる。 4ぎょう 日が さす…日の 光が 当たる。
14ぎょう しぼむ…いきおいが なくなって ちぢむ。 16ぎょう じゅくす…よく みのる。

みが　じゅくすまで、花の　くきは、ひくく　たおれて　います。
　みが　じゅくして　たねが　できると、くきは　おき上がって、たかく　のびます。
　はれた　日に、わた毛《げ》が　ひらきます。たかく　のびた　くきの　上の　わた毛には、風が　よく　当たります。わた毛は、風に　ふきとばされます。かるくて　ふわふわした　わた毛は、風に　のって、とおくに　行く　ことが　できます。
　わた毛が　土に　おちると、わた毛に　ついて　いる　たねが、やがて　めを　出します。たんぽぽは、そこで　ねを　はって、そだって　いきます。

〈ひらやま　かずこ「たんぽぽ」に　よる〉

1　つぎの　うち、たんぽぽの　花が　ひらいて　いる　ときには　◯、とじて　いる　ときには　△を　つけましょう。

ア（　　）はるの　はれた　日。
イ（　　）夕方の　日が　かげった　とき。
ウ（　　）つぎの　日、日が　さして　きた　とき。

4　たんぽぽの　花が　しぼんだ　あとの　みに　ついて　こたえましょう。

(1)　みが　じゅくすまで、花の　くきは　どう　なって　いますか。
（　　　　　　　　）

(2)　みが　じゅくして　たねが　できると、花の　くきは　どう　なりますか。
おき上がって、（　　　　　　　　）。

5　たんぽぽの　わた毛が　土に　おちると、どう　なりますか。

「わた毛が　土に　おちると、」で　はじまる　まとまりを　よく　読もう。

①　わた毛に　ついて　いる（　　　）が、やがて（　　　）を　出す。
↓
②　そこで　たんぽぽは（　　　）を　はって、（　　　）いく。

ものしりメモ
いまは、日本に　むかしから　ある　しゅるいの　たんぽぽよりも、がいこくから　入って　きた　しゅるいの　たんぽぽの　ほうが　多く　見られるそうだよ。

きほんのワーク

かん字を つかおう2
かんさつした ことを 書こう
かたかなで 書く ことば

教科書 上 49～55ページ

答え 3ページ

べんきょうした日　月　日

もくひょう
●書き方を くふうして、かんさつカードを 書こう。
●かたかなで 書く ことばを おぼえよう。

おわったら シールを はろう

かん字れんしゅうノート6～8ページ

あたらしい かん字

◀れんしゅうしましょう。

教科書ページ	かん字	読み	画数	ひつじゅん
49	来	くる　らい	7画	一 丆 丆 立 平 来 来
49	門	もん	8画	丨 ｢ ｢ 戸 門 門 門 門
50	回	まわる　まわす	6画	丨 冂 冂 回 回 回
51	高	たかい　たか　たかまる　たかめる	10画	丶 亠 亠 亡 古 古 高 高 高 高
51	黄	き	11画	一 十 廾 廾 昔 昔 苗 苗 黄 黄 黄
51	色	いろ	6画	ノ ク 仌 仌 缶 色
54	外	がい	5画	ノ ク タ 夕 外
54	国	こく	8画	丨 冂 冂 冂 囯 国 国 国
54	地	ち	6画	一 十 土 圠 地 地
54	前	まえ	9画	丷 丷 丷 丷 广 前 前 前 前

1 かん字の 読み　読みがなを 書きましょう。

○あたらしい かん字　●読みかえの かん字　◆とくべつな 読み方

1 来月に 来る 人。

2 文字を 書く。

3 お正月の かざり。

4 学校の 正門。

5 女子と 男子。

6 人間と どうぶつ。

7 みの 回りの しな。

8 犬の 名前。

9 一人と 二人。

10 大人に たのむ。

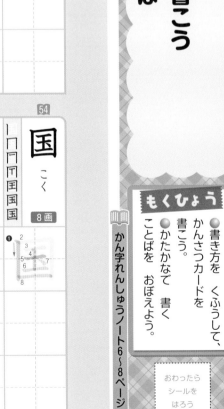

2 かん字の 書き

かん字を 書きましょう。

1 □《たか》さを はかる。

2 □《き》□《いろ》の 花。

3 □《がい》□《こく》の □《ち》□《めい》。

3 一年生の かん字

かん字を 書きましょう。

1 □《がっ》□《こう》の □《せん》□《せい》。

4 ☆ かんさつした ことを 書こう

下の かんさつカードを 読んで、もんだいに こたえましょう。

● はっぱに ついて、どんな 書き方の くふうを して いますか。
（一つに ○を つけましょう。）

ア（　）色と 数に ついて 書いて いる。

イ（　）にて いる ものに たとえて いる。

ウ（　）ふとさに ついて 書いて いる。

きゅうりの　かんさつ

5月29日（水）名まえ　上田　まどか

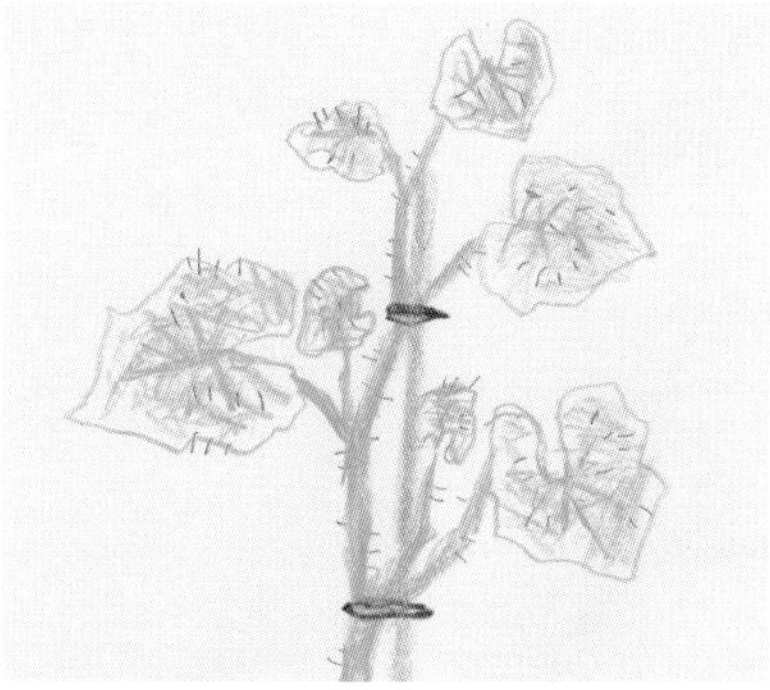

はっぱが、7まい　ありました。はっぱは　みどり色で、白い　毛が　生えています。

くきの　ながさは、20センチメートルでした。たおれないように、しちゅうをたてました。

5 ☆ かたかなで 書く ことば

かたかなで 書く ことばを、つぎのように まとめました。あう ことばを、□ から えらんで 書きましょう。

1 外国の（　　）や 外国の 人の 名前。

2 （　　）から 来た ことば。

3 ものの 音や どうぶつの（　　）。

外国　なき声　地名

ものしりメモ　かたかなは、かん字から　作られたんだよ。たとえば、「テ」は　「天」から、「メ」は　「女」から　できたんだ。

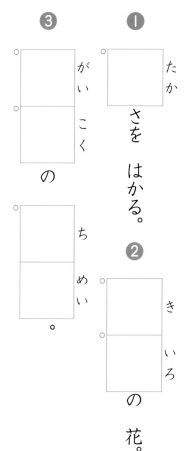

まとめのテスト

たんぽぽ ほか

教科書 上38～55ページ
答え 4ページ

べんきょうした日 月 日

時間20ぷん

とく点 /100点

おわったら シールを はろう

1 文しょうを 読んで、こたえましょう。

花が しぼむと、みが そだって いきます。みが じゅくすまで、花の くきは、ひくく たおれて います。

みが じゅくして たねが できると、くきは おき上がって、たかく のびます。

はれた 日に、わた毛《げ》が ひらきます。たかく のびた くきの 上の わた毛には、風が よく 当たります。わた毛は、風に ふきとばされます。かるくて ふわふわした わた毛は、風に のって、とおくに 行く ことが できます。

わた毛が 土に おちると、わた毛に ついて いる たねが、やがて めを 出します。たんぽぽは、そこで ねを はって、そだって いきます。

このように して、たんぽぽは、いろいろな ところに 生え、なかまを ふやして

←

チャレンジ!

3 花が しぼんだ あとの たんぽぽは、どのように して なかまを ふやしますか。正しい じゅんじょに なるように、（ ）に 2～7の ばんごうを 書きましょう。 ぜんぶ できて〔12点〕

（1）花が しぼむ。

（ ）くきが ひくく たおれる。

（ ）わた毛が 風に ふきとばされる。

（ ）みが じゅくす。

（ ）はれた 日に、わた毛が ひらく。

（ ）わた毛が 土に おちる。

（ ）くきが おき上がって、たかく のびる。

（8）たねが めを 出し、ねを はって、たんぽぽが そだつ。

←

ことばのいみ プラス
6ぎょう わた毛…わたのように やわらかい 毛。 8ぎょう ふきとばす…つよく ふいて ものを とばす。 13ぎょう ねを はる…土の 中で ねを ひろげて のばす。

いくのです。

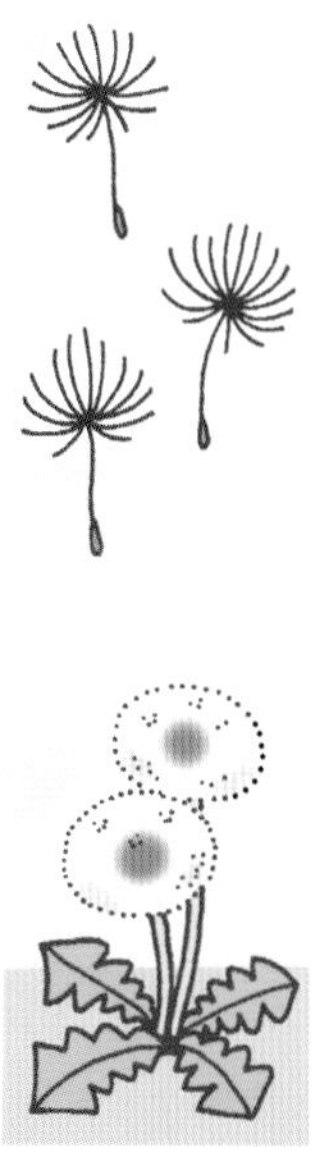

〈ひらやま かずこ「たんぽぽ」に よる〉

1 よく出る 「くきは おき上がって、たかく のびます」と ありますが、くきが たかく のびるのは なぜですか。 一つ10〔20点〕

くきの 上の（　　　）には、（　　　）が よく 当たるから。

2 わた毛は、どんな ようすを して いますか。 一つ10〔20点〕

●風に のって、とおくに 行く ことが できるように、（　　　）して いる。

●（　　　）が ついて いる。

2 おなじ かん字の ちがう 読みを 書きましょう。 一つ4〔36点〕

① ア 来る（　　る）　イ 来た（　　た）　ウ 来ない（　　ない）

② ア 文しょう（　　）　イ 文字（　　）

③ ア 正月（　　）　イ 正門（　　）

④ ア 時間（　　）　イ 人間の足。（　　）

3 よく出る ——の ことばを、かたかなに なおして 書きましょう。 一つ3〔12点〕

① てれびを 見る。（　　　）

② さらが がしゃんと われる。（　　　）

③ あめりかへ 行く。（　　　）

④ しんでれらの 話。（　　　）

ものしりメモ　たんぽぽは、小さな 花の あつまりだよね。そういう しょくぶつは、キク科の なかまなんだ。ヒマワリや コスモス、レタスなども おなじ キク科なんだよ。

すきな　場めんを　見つけよう

きほんのワーク

名前を　見て　ちょうだい

教科書　上56～72ページ

答え　4ページ

べんきょうした日　月　日

もくひょう
●どこで　だれに　会ったかに　ちゅういして、場めんを　分けよう。
●場めんごとに　ようすを　読みとろう。

おわったら　シールを　はろう

かん字れんしゅうノート9ページ

あたらしい　かん字

教科書　59ページ　◀れんしゅうしましょう。

ひつじゅん　1　2　3　4　5

教科書ページ	かん字	読み	画数	ひつじゅん
59	野	の	11画	口日甲里野野
59	原	はら	10画	一厂𠂆戸盾原原
60	頭	あたま	16画	一豆豆豆頭頭頭
60	答	こたえる　こたえ	12画	⺈⺮竹𥫗答答
62	牛	うし	4画	ノ一二牛
70	場	ば	12画	一土坦坦場場
70	会	あう	6画	ノ人𠆢会会
71	思	おもう	9画	口冂田田思思

1　かん字の　読み

読みがなを　書きましょう。

1　山の　方へ　行く。（　　）

2　頭を　ゆびさす。（　　）

3　きつねが　答える。（　　える）

4　本当に　そう　見える。（　　）

5　じろりと　見下ろす。（　　ろす）

6　あっという　間。（　　）

7　湯《ゆ》気が　出る。（ゆ　　）

8　空気が　もれる。（　　）

○あたらしい　かん字
●読みかえの　かん字
◆とくべつな　読み方

「牛」の　たてぼうは、上に　つき出すよ。つのが　出て　いると　おぼえよう。

3　ことばの　いみ

——の　いみに　あう　ほうに、○を　つけましょう。

1　（59ページ）　さっそく　出かける。

ア（　）すぐに。

イ（　）ゆっくりと。

⑨ 風せんが しぼむ。（　　）

⑩ 元に もどる。（　　）

2 かん字の 書き

かん字を 書きましょう。

① □□《のはら》を はしる。

② □《うし》が いる。

③ すきな □《ば》めん。

④ 人に □《あ》う。

⑤ おもしろいと □《おも》う。

ないようを つかもう！

☆ 名前を 見て ちょうだい

ぼうしを かぶって 門を 出た えっちゃんは、どこで だれと 会いましたか。・――・で むすびましょう。

教科書 58〜69ページ

① はじめに ・　　・ ア 七色の 林で ・　　・ あ 牛と 会った。

② つぎに ・　　・ イ 野原で ・　　・ い 大男と 会った。

③ 三ばん目に ・　　・ ウ こがね色の はたけで ・　　・ う きつねと 会った。

---

② 60 すまして 答える。
ア（　）きどった ようすで。
イ（　）おこった ようすで。

③ 65 したなめずりを する。
ア（　）「ちぇっ」と、したを ならす こと。
イ（　）したで くちびるを なめ回す こと。

④ 66 きりりと 見上げる。
ア（　）ひきしまって いる ようす。
イ（　）くやしがって いる ようす。

⑤ 68 ぶるっと みぶるいを する。
ア（　）くびを よこに ふる こと。
イ（　）からだを ふるわせる こと。

⑥ 68 空気が もれる。
ア（　）そとに 出る。
イ（　）あとに のこる。

ものしりメモ
すすきの ほは、どうぶつの しっぽ（お）に にて いるので、「おばな」と よばれるよ。そういえば、きつねの しっぽにも にて いるね。

れんしゅうのワーク①

名前を 見て ちょうだい

教科書 上56～72ページ
答え 4ページ

できるナビ
えっちゃんが、どこで、だれと 会ったかを、その ときの 気もちと いっしょに 読みとろう。

べんきょうした日 月 日

おわったら シールを はろう

文しょうを 読んで、答えましょう。

きつねは、しぶしぶ ぼうしを ぬいで、名前の ところを 見せました。

「ほうら、ぼくの 名前だよ。の、は、ら、こ、ん、き、ち。」

なるほど、きつねの 言う とおり。本当に そう 見えます。

「へんねえ。」

えっちゃんが もう 一度《ど》 たしかめようと した とき、つよい 風が ふいて きて、いきなり ぼうしを さらって いきました。

「こら、ぼうし、まてえ。」

えっちゃんと きつねは はしりだしました。ぼうしは、リボンを ひらひらさせながら、こがね色の はたけの 方へ とんで いきます。

えっちゃんたちが その はたけに はしって いくと、赤い ぼうしを ちょこんと かぶった 牛が 一ぴき、青い 空を まぶしそうに

1 えっちゃんの ぼうしは、どんな ぼうしですか。

色は □ で、□□□ が ついて いる ぼうし。

2 よく出る● 「しぶしぶ ぼうしを ぬいで」とは、どんな ようすですか。（一つに ○を つけましょう。）

きつねも 牛も、「しぶしぶ」 ぬいで いるね。

ア（ ）いやそうに ぼうしを ぬぐ ようす。
イ（ ）じまんそうに ぼうしを ぬぐ ようす。
ウ（ ）ゆっくりと ぼうしを ぬぐ ようす。

3 「もう 一度 たしかめようと した」と ありますが、えっちゃんは 何を たしかめようと したのですか。

きつねが えっちゃんに 見せたのは 何かな。

ぼうしの （　　　　） の ところ。

ことばの いみ プラス
10ぎょう いきなり…きゅうに。 10ぎょう さらう…すきを 見て うばいとる。
14ぎょう こがね色…金色。 16ぎょう ちょこんと…小さい ものが おいて ある ようす。

見上げて　いました。

「それ、あたしのよ。」

「ぼくのだよ。」

　牛の　頭を　ゆびさして、えっちゃんと　きつねが　言いました。すると、ふりむいた　牛は、すまして　答えました。

「わたしのですよ。」

　そこで、えっちゃんと　きつねは、いっしょに　言いました。

「名前を　見て　ちょうだい。」

　牛は、しぶしぶ　ぼうしを　ぬいで、名前の　ところを　見せました。

「ほうら、わたしの　名前だよ。は、た、な、か、も、う、こ。」

　なるほど、牛の　言う　とおり。本当に　そう　見えます。

「へんねえ。」

　えっちゃんと　きつねが　かおを　見あわせた　とき、つよい　風が　ふいて　きて、また、ぼうしを　さらって　いきました。

〈あまん　きみこ「名前を　見て　ちょうだい」に　よる〉

4 「つよい　風」は、ぼうしを　どこへ　さらって　いきましたか。

（　　　　　　　　）

5 きつねと　牛の　名前を　書きましょう。

きつね（　　　　　　　　）

牛（　　　　　　　　）

牛と　会った　ところだよ。

6 「かおを　見あわせた」とき、えっちゃんと　きつねは、どんな　気もちでしたか。

ア（　）牛が　ぼうしを　かぶって　いるなんて、おかしいな。

イ（　）牛に　人みたいな　名前が　ついて　いるなんて、おもしろいな。

ウ（　）ぼうしに　じぶんの　名前で　なく、牛の　名前が　書いて　あるなんて、ふしぎだな。

「へんねえ。」と　言って　いるね。何が　へんだと　思ったのだろう。

ものしりメモ

「見て　ちょうだい。」は、もともとは　ていねいに　たのむ　言い方。ほかに、「ごほうびを　ちょうだいする。」のように、「もらう」を　ていねいに　あらわす　いみも　あるよ。

れんしゅうのワーク２

名前を　見て　ちょうだい

教科書　上56～72ページ
答え　4ページ

べんきょうした日　月　日

できるナビ
●えっちゃんが　だれと　会ったのか、人ぶつの　ようすにも　気を　つけて、読もう。

おわったら　シールを　はろう

文しょうを　読んで、答えましょう。

「名前を　見て　ちょうだい。」

　すると、大男は、えっちゃんたちを　じろりと　見下ろしました。それから、あっという間に　ぱくん。ぼうしを　口の　中に　入れました。そして、すまして　答えました。

「たべちゃったよ。だから、名前も　たべちゃった。」

　大男は、したなめずりを　して、じろり　じろり　見下ろしながら、言いました。

「もっと　何か　たべたいなあ。」

　牛が、あとずさりを　しながら、ぶつぶつ　つぶやきました。

「早く　かえらなくっちゃ。いそがしくて、いそがしくて。」

　牛は、くるりと　むきを　かえると、風のように　はしって　いって　しまいました。

1　この　場めんに　出て　くるのは、だれですか。ぜんいん　書きましょう。

（　　）（　　）（　　）（　　）

2　大男が　ぼうしを　たべて　しまったのは、なぜですか。
　えっちゃんに、ぼうしの　名前を（　　　）と　言われたから。

ぼうしには、えっちゃんの　名前が　書かれて　いるんだね。

3　大男が「したなめずり」を　すると、牛と　きつねは　どう　しましたか。

ことばのいみ　プラス
2ぎょう　じろりと…目玉を　うごかして　にらむように　見る　ようす。　3ぎょう　見下ろす…高い　いちから　下を　見る。　17ぎょう　くるりと…かろやかに　ひと回りする　ようす。

すると、きつねも、あとずさりを　しながらつぶやきました。

「早く　かえらなくっちゃね。いそがしくて、いそがしくて。」

きつねも、くるりと　むきを　かえると、風のように　はしって　いって　しまいました。

けれども、えっちゃんは　かえりませんでした。むねを　はって、大男を　きりりと　見上げて言いました。

「あたしは　かえらないわ。だって、あたしのぼうしだもん。」

すると、えっちゃんの　からだから　湯気《ゆげ》がもうもうと　出て　きました。そして、ぐわあんと　大きく　なりました。

「たべるなら　たべなさい。あたし、おこっているから、あついわよ。」

湯気を　立てた　えっちゃんの　からだが、また、ぐわあんと　大きく　なりました。そうして、大男と　おなじ　大きさに　なってしまいました。

えっちゃんは、たたみのような　手のひらをまっすぐ　のばして　言いました。

「あたしの　ぼうしを　かえしなさい。」

〈あまん　きみこ　「名前を　見て　ちょうだい」に　よる〉

① （　　）を　しながら　つぶやいた。

② （　　）のように　はしって　いった。

4 「むねを　はって、大男を　きりりと　見上げて」と　ありますが、この　とき　えっちゃんは、どんな　気もちでしたか。（一つに　○を　つけましょう。）

ア（　）じぶんの　ぼうしだと　じまんしたい。

イ（　）ぜったいに　ぼうしを　かえして　もらう。

ウ（　）大男が　こわくて　早く　にげだしたい。

この　すぐ　あとで、えっちゃんが　大男に　言った　ことばに　ちゅうもくしよう。

5 よく出る　おこった　えっちゃんの　からだは、どう　なりましたか。（二つに　○を　つけましょう。）

ア（　）手のひらから　けむりが　出て　きた。

イ（　）あつく　なって、湯気が　もうもうと　出て　きた。

ウ（　）湯気で　かくれて　見えなく　なった。

エ（　）ぐわあんと　大きく　なった。

「たたみのような　手のひら」の　大きさを　そうぞうして　みよう。

ものしりメモ　「じろりと」は、目を　うごかして、にらむように　見る　ようすを　あらわす　ことばだよ。「ちらりと」だと、みじかい　間　見る　ようすを　あらわすよ。

きほんのワーク

かん字を つかおう3／じょうほうの とびら じゅんじょ
こんな ことを して いるよ
話そう、二年生の わたし

教科書 上73～85ページ
答え 5ページ

べんきょうした日　月　日

もくひょう
●つたえる 文しょうの 組み立てを しろう。
●丸（。）、点（、）、かぎ（「 」）の つかい方を しろう。

おわったら シールを はろう

かん字れんしゅうノート10ページ

あたらしい かん字

◀れんしゅうしましょう。
ひつじゅん 1 2 3 4 5

教科書ページ	かん字	読み	画数	ひつじゅん
73	今	いま	4画	ノ 人 𠆢 今
73	社	しゃ	7画	丶 ラ ネ ネ 社 社
73	親	おや したしい したしむ	16画	亠 立 辛 亲 新 親 親
73	友	とも	4画	一 ナ 方 友
73	明	あかるい あかるむ あからむ めい	8画	丨 冂 日 日 日) 明 明
73	計	けい	9画	亠 言 言 言 言 計
73	算	さん	14画	ノ ⺮ 竹 竹 笪 算
76	組	くむ	11画	𠃋 幺 糸 糸 糽 組 組
76	家	いえ	10画	宀 宀 宁 家 家 家
78	自	じ	6画	ノ 亻 白 白 自
82	心	こころ	4画	丶 心 心 心
83	教	おしえる おそわる	11画	一 土 耂 孝 孝 教

○あたらしい かん字　●読みかえの かん字　◆とくべつな 読み方

1 かん字の 読み 読みがなを 書きましょう。

① 会社（　　）を 見学（　　）する。
② 親（　　）と 子。
③ 明（　　るい）るい 光。
④ 自分（　　）の 家（　　）。

2 かん字の 書き かん字を 書きましょう。

① 親しい □（とも）。
② おつりの □□（けいさん）。
③ 文しょうの □（く）み立て。

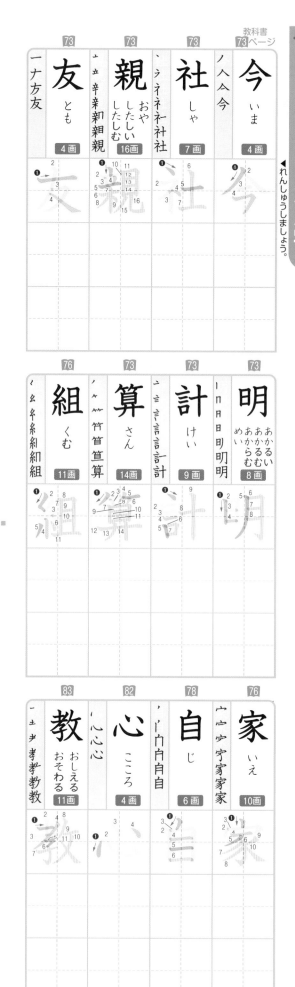

こんな　ことを　して　いるよ

3 よく出る● つぎの　文しょうの　「はじめ」「中」「おわり」には、どんな　ことが　書いて　ありますか。□から　えらんで、記ごうを　書きましょう。

はじめ

わたしは、家で　せんたくものたたみを　して　います。

中

せんたくものを　たたむ　ときは、まず、そとに　ほして　いる　せんたくものを　家の　中に　入れます。それから、シャツや　ズボンなど、ふくを　しゅるいごとに　わけます。さいごに、ていねいに　たたみます。

おわり

せんたくものを　きれいに　たたむ　ことが　できると、うれしくて、また　この　ふくを　きたいなと　いう　気もちに　なります。

1 はじめ（　　）　2 中（　　）　3 おわり（　　）

ア　どんな　ことを　つたえたいかに　ついて。
イ　つたえたい　ことを　した　ときの　気もち。
ウ　つたえたい　ことの　くわしい　せつ明。

4 丸（。）と　点（、）の　つかい方が　あって　いる　ものに、○を　つけましょう。

ア（　）ぼくは、はしる　ことが　大すきです、
イ（　）ぼくは。はしる　ことが　大すきです、
ウ（　）ぼくは、はしる　ことが　大すきです。

丸（。）は、文の
どんな　ところに
うつのかな。

5 つぎの　文に、かぎ（「　」）を　二くみ　つけましょう。

おとうとに　ももたろう
の話をしたら、
おもしろかった。
と言っていました。

ことばの　おわりの
丸と　かぎ（。」）は、
おなじ　ますに　書くよ。

ものしりメモ　きみは　家で　どんな　てつだいを　して　いるかな。ある　アンケートでは、しょくじの　じゅんびや　かたづけ、せんたくものたたみを　して　いる　小学生が　多いんだって。

まとめのテスト

名前を 見て ちょうだい ほか

教科書 上56〜85ページ
答え 5ページ
時間 20ぷん
べんきょうした日 月 日
とく点 /100点
おわったら シールを はろう

1 文しょうを 読んで、答えましょう。

「名前を 見て ちょうだい。」

すると、大男は、えっちゃんたちを じろりと 見下ろしました。それから、あっという間に ぱくん。ぼうしを 口の 中に 入れました。そして、すまして 答えました。

「たべちゃったよ。だから、名前も たべちゃった。」

大男は、したなめずりを して、じろり じろり 見下ろしながら、言いました。

「もっと 何か たべたいなあ。」

牛が、あとずさりを しながら、ぶつぶつ つぶやきました。

「早く かえらなくっちゃ。いそがしくて、いそがしくて。」

牛は、くるりと むきを かえると、風のように はしって いって しまいました。すると、きつねも、あとずさりを しながら つぶやきました。

「早く かえらなくっちゃね。いそがしくて、

1 「名前を 見て ちょうだい。」に ついて こたえましょう。

チャレンジ (1) えっちゃんたちは、なぜ そう 言ったのですか。〔一つに ○を つけましょう。〕〔10点〕

ア（　）大男に、えっちゃんたちの 名前を 教えたかったから。

イ（　）名前を 見れば、だれの ぼうしなのか 分かるから。

ウ（　）名前を 見れば、大男の 名前が 分かるから。

(2) えっちゃんたちの ことばを 聞いて、大男は どう しましたか。〔10点〕

ぼうしを（　　　　）。

2 よく出る 牛と きつねが はしって いって しまったのは、なぜですか。〔10点〕

ア（　）ぼうしが ほしく なく なったから。

イ（　）きゅうに ようじを 思い出したから。

ウ（　）大男に たべられると 思ったから。

ことばのいみ プラス

10行 あとずさり…前を むいた ままで、うしろに さがって いく こと。
16行 つぶやく…小声で ぶつぶつ 言う。 29行 もうもうと…あたりに ひろがる ようす。

いそがしくて。」

　きつねも、くるりと　むきを　かえると、風のように　はしって　いって　しまいました。

　けれども、えっちゃんは　かえりませんでした。むねを　はって、大男を　きりりと　見上げて言いました。

「あたしは　かえらないわ。だって、あたしの　ぼうしだもん。」

　すると、えっちゃんの　からだから　湯気《ゆげ》が　もうもうと　出て　きました。そして、ぐわあんと　大きく　なりました。

「たべるなら　たべなさい。あたし、おこって　いるから、あついわよ。」

　湯気を　立てた　えっちゃんの　からだが、また、ぐわあんと　大きく　なりました。そうして、大男と　おなじ　大きさに　なって　しまいました。

　えっちゃんは、たたみのような　手のひらを　まっすぐ　のばして　言いました。

「あたしの　ぼうしを　かえしなさい。」

〈あまん　きみこ「名前を　見て　ちょうだい」に　よる〉

3　えっちゃんの　からだから　湯気が　出て　きたのは、なぜですか。〔15点〕

えっちゃんが（　　　　　　）から。

チャレンジ!

4　「大きく　なりました」と　ありますが、えっちゃんの　からだが　どれくらい　大きく　なったのかが　分かる　ところを、二つ　書きましょう。一つ15〔30点〕

（　　　　　　）

（　　　　　　）

2　**つぎの　文しょうに、丸（。）と　点（、）と　かぎ（「」）を　つけましょう。**　一つ5〔25点〕

●丸は　二つ、点は　二つ、かぎは　一くみ、つけましょう。

きのうせんたくものをた
たみましたおとうさんが、
きれいにたためたね。
と言ってわらいました

ものしりメモ
あまん　きみこさんが　書く「えっちゃん」シリーズには、ほかにも、えっちゃんが活やくする、たのしい　お話が　たくさん　あるよ。読んで　みてね。

きほんのワーク

どうぶつ園の かんばんと ガイドブック
きせつの 足音――なつ ほか

教科書 上86～107ページ
答え 6ページ

べんきょうした日 月 日

もくひょう
●二つの 文しょうを くらべて、ちがいを 読みとろう。
●文しょうの やくわりや とくちょうを とらえよう。

おわったら シールを はろう

かん字れんしゅうノート12ページ

あたらしい かん字
◀れんしゅうしましょう。

教科書ページ	かん字	読み	画数	ひつじゅん
88	園	えん	13画	冂冖冋冎冏園園
88	知	しる	8画	ノ𠂉ケ矢矢知知
89	体	からだ	7画	ノ亻仁什休体体
89	長	ながい	8画	｜厂F巨長長長
89	太	ふとい ふとる	4画	一ナ大太
93	肉	にく	6画	｜冂内内肉肉
94	同	おなじ	6画	｜冂冂同同同

1 かん字の 読み
読みがなを 書きましょう。

○あたらしい かん字
●読みかえの かん字
◆とくべつな 読み方

① どうぶつ園に 行く。（ ）
② もっと 知りたい。（ りたい）
③ 体の 大きさ。（ ）
④ アフリカの 草原。（ ）
⑤ 森林に すむ。（ ）
⑥ おんどを 下げる。（ げる）

「森林」は、森や 林のように 木が たくさん ある ところだよ。何と 読むのかな？

3 ことばの いみ
「もっとも 大きい」 はこは、どれですか。○を つけましょう。

ア

イ

ウ

2 かん字の 書き

かん字を 書きましょう。

① 体の □《なが》さ。

② ゾウの □《ふと》い あし。

③ うでの きん□《にく》。

④ □《おな》じ ところ。

ないようを つかもう！

☆ どうぶつ園の かんばんと ガイドブック　教科書 89～93ページ

どうぶつ園の かんばんと ガイドブックを くらべた とき、つぎの ア・イは、どちらに あてはまりますか。○を つけましょう。

①どんな ときに 読むか

ア どうぶつを 見て いる とき
（ ）かんばん
（ ）ガイドブック

イ どうぶつに ついて くわしく 知りたい とき
（ ）かんばん
（ ）ガイドブック

②文しょうの 長さ

ア みじかく まとめて いる。
（ ）かんばん
（ ）ガイドブック

イ 長くて くわしい。
（ ）かんばん
（ ）ガイドブック

4 ことばの ちしき

（ ）に あう ことばを、□から えらんで 書きましょう。

① あし音が （ ） しない。

② ゾウは はなを （ ） うごかす。

③ ゾウに ついて （ ） くわしく 知りたい。

ほとんど　じゆうじざいに　もっと

ものしりメモ

どうぶつ園で どうぶつの せわを する 人を、「しいくいん」と いうよ。えさを やったり、どうぶつの 体の ぐあいに 気を つけたり する、たいせつな しごとを するよ。

れんしゅうのワーク

どうぶつ園の かんばんと ガイドブック

教科書 上86～107ページ
答え 6ページ

べんきょうした日 月 日

できるナビ
●二つの 文しょうを くらべて、やくわりや せつ明の ちがいを 読みとろう。

おわったら シールを はろう

文しょうを 読んで、答えましょう。

㋐ かんばんの せつ明

アフリカゾウ

すんで いる 場しょ
アフリカ

体の 大きさ
体の 長さは 四メートルから 六メートル
体の おもさは 四トンから 七トン

たべもの
草や、木の えだや は、くだものなど

体の とくちょう
太い あし、大きな 耳、長い はな

㋑ ガイドブックの せつ明

アフリカゾウ

すんで いる 場しょ
アフリカの 草原や 森林に すんで います。

1 ㋐と ㋑は、何に ついて せつ明して いますか。
（　　　）

2 「すんで いる 場しょ」や「体の 大きさ」など、その あとの 文しょうに 書いて いる ことを みじかく まとめた ものを 何と いいますか。
（一つに ○を つけましょう。）
ア（　）メモ　イ（　）組み立て　ウ（　）見出し

3 よく出る● アフリカゾウの「すんで いる 場しょ」を、それぞれ どのように 書いて いますか。

㋐ かんばん
（　　　）

㋑ ガイドブック
（　　　）

ことばのいみプラス
15行 草原…草が 生えて いる ひろい 野原。 15行 森林…木が たくさん 生えて いる ところ。18行 りく…ちきゅうの ひょうめんで、うみや 川では ない ところ。

体の　大きさ

りくに　すんで　いる　どうぶつの　中で、もっとも　大きい　どうぶつです。体の　長さは　四メートルから　六メートル　あり、体の　おもさは　四トンから　七トン　あります。

たべもの

たべものは、しょくぶつです。草や、木の　えだや　は、くだものなどを　たべます。一日の　うち、おきて　いる　時間の　ほとんどは、たべものを　たべて　いると　いわれて　います。

体の　とくちょう

体の　とくちょうは、太い　あし、大きな　耳、長い　はなを　もって　いる　ことです。

あしは、大きな　体を　ささえる　ために、太く　なって　います。かかとの　中には、しぼうで　できた　クッションが　あり、おもい　体を　ささえて　います。その　クッションが　ある　ため、あし音も　ほとんど　しません。

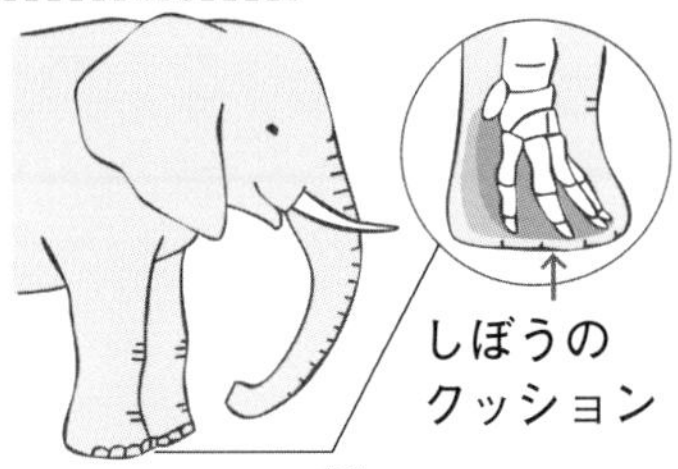
しぼうの
クッション

〈「どうぶつ園の　かんばんと　ガイドブック」に　よる〉

4　「体の　大きさ」に　ついて、㋐に　書かれて　いないのは　どんな　ことですか。（一つに　○を　つけましょう。）

ア（　）長さは　四メートルから　六メートル。
イ（　）おもさは　四トンから　七トン。
ウ（　）りくに　すむ　どうぶつの　中で、もっとも　大きい。

二つを　読みくらべて　みよう。同じ　せつ明には、線を　ひいて　みると　分かりやすいよ。

5　[　]の　ぶぶんは、何に　ついて　くわしく　せつ明して　いますか。（一つに　○を　つけましょう。）

ア（　）太い　あし
イ（　）大きな　耳
ウ（　）長い　はな

はじめの　文に
ちゅうもくしよう。

6　よく出る　上の　㋐と　㋑の　書き方に　あう　ものは　どれですか。・――・で　むすびましょう。

㋐・　　・1　くわしく　せつ明して　いる。
㋑・　　・2　みじかく　まとめて　いる。
　　　　・3　読む　人に　しつもんするような　言い方で　書いて　いる。

かんばんの　ほうが　すぐに　読めるね。

ものしりメモ　アフリカゾウは、たくさんの　たべものを　たべるし、水も　たくさん　のむよ。長い　はなを　つかって、一日に　ぎゅうにゅうパック　100本分もの　水を　のむんだ。

まとめのテスト

どうぶつ園の かんばんと ガイドブック

教科書 上86～107ページ
答え 6ページ

べんきょうした日 月 日

時間 20ぷん

とく点 /100点

おわったら シールを はろう

文しょうを 読んで、答えましょう。

かんばんの せつ明

アフリカゾウ

すんで いる 場しょ

アフリカ

[ー]

体の 長さは 四メートルから 六メートル

体の おもさは 四トンから 七トン

たべもの

草や、木の えだや は、くだものなど

体の とくちょう

太い あし、大きな 耳、長い はな

ガイドブックの せつ明

アフリカゾウ

すんで いる 場しょ

アフリカの 草原や 森林に すんで います。

---

1 よく出る アフリカゾウの 「すんで いる 場しょ」は、それぞれの 文しょうで どのように 書かれて いますか。（ ）に 入る ことばを 書きましょう。 一つ10〔20点〕

かんばん	①（ ）
ガイドブック	アフリカの ②（ ）

2 [ー] には、どんな 見出しが 入りますか。一つに ○を つけましょう。〔10点〕

ア（ ）体の 長さ

イ（ ）体の おもさ

ウ（ ）体の 大きさ

ことばの いみ プラス
19行 もっとも…いちばん。 23行 しょくぶつ…木や 草などの なかまを まとめた 言い方。
25行 ほとんど…すべてと いっても いいくらい。

一

りくに すんで いる どうぶつの 中で、もっとも 大きい どうぶつです。体の 長さは 四メートルから 六メートル あり、体の おもさは 四トンから 七トン あります。

たべもの

たべものは、しょくぶつです。草や、木の えだや は、くだものなどを たべます。一日の うち、おきて いる 時間の ほとんどは、たべものを たべて いると いわれて います。

体の とくちょう

体の とくちょうは、太い あし、大きな 耳、長い はなを もって いる ことです。

あしは、大きな 体を ささえる ために、太く なって います。かかとの 中には、しぼうで できた クッションが あり、おもい 体を ささえて います。その クッションが ある ため、あし音も ほとんど しません。

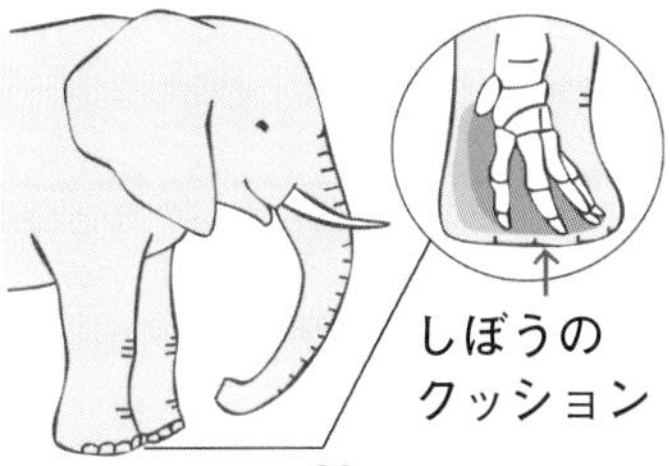

〈「どうぶつ園の かんばんと ガイドブック」に よる〉

3 アフリカゾウは、「たべもの」を、一日の うちで いつ たべるのですか。〔10点〕

一日の うち、（　　　）の ほとんど。

書いてみよう!

4 アフリカゾウの 「あし音」が ほとんど しないのは、なぜですか。〔15点〕

かかとの 中に （　　　）が ある ため。

チャレンジ!

5 「かんばん」の せつ明の よい ところには ◯、「ガイドブック」の せつ明の よい ところには △を 書きましょう。 一つ15〔45点〕

ア（　）ずを つかって、体の しくみを 分かりやすく せつ明して いる。

イ（　）くわしく 知りたい 人の ために、いろいろな ことが 書かれて いる。

ウ（　）文が みじかいので、すぐに 読みおえる ことが できる。

ものしりメモ　アジアゾウと いう ゾウも いるよ。耳と せ中に ちがいが あるんだ。アフリカゾウの ほうが 耳が 大きくて、せ中の まん中が へこんで いるよ。

きほんのワーク

いろんな おとの あめ
空に ぐうんと 手を のばせ

教科書 上108～111ページ
答え 7ページ

もくひょう
●しに あらわされて いる ようすを 思いうかべよう。
●はっきりと した 声で しを 読もう。

べんきょうした日 月 日

おわったら シールを はろう

つぎの 二つの しを 読んで、もんだいに 答えましょう。

いろんな おとの あめ

きしだ えりこ

あめ あめ
いろんな おとの あめ
はっぱに あたって ぴとん
まどに あたって ぱちん
かさに あたって ぱらん
ほっぺたに あたって ぷちん
てのひらの なかに ぽとん
こいぬの はなに ぴこん
こねこの しっぽに しゅるん
かえるの せなかに ぴたん
すみれの はなに しとん
くるまの やねに とてん
あめ あめ あめ あめ
いろんな おとの あめ

いろんな おとの あめ

1 しの 中から、あめの おとを あらわす ことばを、ぜんぶ さがして 書きましょう。

2 あめの おとを あらわす ことばに 気を つけて、声に 出して しを 読みましょう。

読めたら 色を ぬりましょう。

空に　ぐうんと　手を　のばせ

しんざわ　としひこ

空に　ぐうんと　手を　のばせ
わたぐも
すじぐも
かきわけて
でっかい　おひさま
つかまえろ

海《うみ》に　ぐうんと　手を　のばせ
大波《なみ》
小波《なみ》
かきわけて
でっかい　くじらを
つかまえろ

横《よこ》に　ぐうんと　手を　のばせ
だれかと　しっかり
手を　つなげ
ぐるっと
地球《きゅう》を
かかえちゃえ

空に　ぐうんと　手を　のばせ

3 「空に　ぐうんと　手を　のばせ」と　ありますが、何を　する　ために、手を　のばすのですか。

でっかい（　　　　）を　つかまえる　ため。

4 「海に　ぐうんと　手を　のばせ」と　ありますが、何を　する　ために、手を　のばすのですか。

書いてみよう！

（　　　　　　　　）

5 「ぐるっと／地球を／かかえちゃえ」と　ありますが、地球を　かかえる　ためには、どう　すれば　よいですか。（あう　ほうに　○を　つけましょう。）

ア（　）空に　手を　のばして、おひさまと　そっと　手を　つなぐ。

イ（　）横に　手を　のばして、だれかと　しっかり　手を　つなぐ。

6 ことばの　リズムに　気を　つけて、声に　出して　しを　読みましょう。

読めたら　色を　ぬりましょう。

ものしりメモ　「わたぐも」は、ふわふわした　わたのような　くも。「すじぐも」は、はけで　さっと　はいたような　くもで、空の　高い　ところに　できるよ。

きほんのワーク

みんなで 話し合おう

教科書 上 112〜117ページ
答え 7ページ

べんきょうした日 月 日

もくひょう
●ことばを つないで 話し合う 方ほうを まなぼう。
●しつもんの しかたを おぼえよう。

おわったら シールを はろう

かん字れんしゅうノート13ページ

あたらしい かん字

◀れんしゅうしましょう。 ひつじゅん 1 2 3 4 5

教科書 112ページ
合 あう あわす あわせる 6画
ノ 𠆢 亼 今 㑒 合

114
楽 たのしい たのしむ 13画
白 泊 泊 泊 浹 楽 (ひつじゅん)

115
雪 ゆき 11画
一 二 干 雨 雫 雪 雪 (ひつじゅん)

1 かん字の 読み　読みがなを 書きましょう。

○あたらしい かん字　●読みかえの かん字　◆とくべつな 読み方

① みんなで 話し合う。（　　う）
② 大すきな 場めん。（　　）
③ 楽しい 一日。（　　しい）
④ 雪だるまを 作る。（　　）

2 かん字の 書き　かん字を 書きましょう。

① えんそくが □《たの》しみだ。
② □《ゆき》が ふる。

「雪」の 上の ぶぶんは、「雨」に にて いるね。

3 知りたい ことを しつもんする ときの ことばを、□から えらんで 書きましょう。

① 「三つの お話の うち、（　　）お話が すきですか。」
「『ぐりと ぐら』の お話が すきです。」
② 「きのう、（　　）ことを しましたか。」
「サッカーを しました。」
③ 「（　　）きのうは 休んだのですか。」
「かぜを ひいたからです。」

どんな　どの　どうして

「どうして」と きかれたら、「〜からです。」と りゆうを 答えよう。

4 つぎの 行って みたい お話の せかいに ついての 話し合いを 読んで、もんだいに 答えましょう。

林《はやし》さん　原《はら》さんは、どの お話の せかいに 行きたいですか。

原さん　わたしは、「くまの子ウーフ」の せかいに 行って みたいです。

なるほど。どうして、その お話の せかいに 行って みたいのですか。

［ 1 ］

田中《たなか》さん　森に すんで みたいのですね。森に すんで、［ 2 ］ ことを して みたいですか。

ウーフは、みつばちを おって、森の 中を ぼうけんします。わたしも いっしょに 森を ぼうけんしたいと 思いました。

森の 中には、いろいろな どうぶつが いて、ぼうけんしたら 楽しそうですね。

そうですね。わたしも やって みたいです。

---

1 原さんは、どの お話の せかいに 行きたいと 言って いますか。

（　　　　　　　　）

2 よく出る　［ 1 ］には、「行って みたい わけ」が 入ります。つぎの 文を もとに、「〜だと 思ったからです。」を つかって 文を 書きましょう。

> ウーフと 同じように 森に すんだら、楽しそうだ。

（　　　　　　　　）

3 ［ 2 ］に 入る、「しつもんする ときの ことば」は どれですか。

ア（　）どの　**イ**（　）どんな　**ウ**（　）どうして

4 林さんと 田中さんは、――と 〜〜の ぶぶんで どのように 話して いますか。（二つに ○を つけましょう。）

ア（　）話に あいづちを うって いる。

イ（　）話の かんそうを つたえて いる。

ウ（　）しつもんしながら 話を 聞いて いる。

エ（　）正しい ことばに 言いなおして いる。

ものしりメモ　「あいづち」とは　もともと、かたなを　作る　ときに、二人で　かわるがわる　かたなを　たたいた　ことから　できた　ことばだよ。

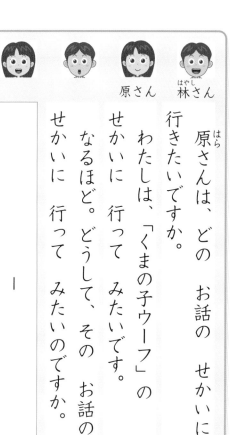

そうぞうを ふくらませて 読もう

きほんのワーク

ニャーゴ

教科書 ㊤118〜130ページ

答え 7ページ

べんきょうした日　月　日

もくひょう
●どんな 場めんかを 考えながら 読もう。
●ようすや 気もちを そうぞうしながら、声に 出して 読もう。

おわったら シールを はろう

あたらしい かん字

◀れんしゅうしましょう。

かん字れんしゅうノート13〜14ページ

教科書ページ	かん字	読み	画数
120	顔	かお	18画
120	食	たべる くう	9画
121	歩	あるく	8画
123	走	はしる	7画
124	止	とまる とめる	4画
126	弟	おとうと	7画
126	妹	いもうと	8画

ひつじゅん 1 2 3 4 5

1 かん字の 読み

読みがなを 書きましょう。

① ○顔（　　）を 見て にげる。

② おにぎりを ○食（　　べる）べる。

③ ●少（　　し）し とおくまで ○歩（　　く）く。

④ ◆今日（　　）の よてい。

⑤ 一●生（　　）けんめい ○走（　　る）る。

⑥ ぴたっと ○止（　　まる）まる。

⑦ えさを ●食（　　う）う。

⑧ 数が ●足（　　りる）りる。

○あたらしい かん字　●読みかえの かん字　◆とくべつな 読み方

3 かん字の ちしき

合う 読み方を、ひらがなで 書きましょう。

① 少（　　し）し 休む。

② 数が 少（　　ない）ない。

「少」「食」は、読み方が かわる かん字だね。かん字の あとの ひらがなに 気を つけて、読み方を おぼえよう。

2 かん字の 書き　かん字を 書きましょう。

1 □《かお》を あらう。

2 ごはんを □《た》べる。

3 野原を □《ある》く。

4 校ていを □《はし》る。

5 車が □《と》まる。

6 □《おとうと》と □《いもうと》。

「歩」は、上が「止」、下が「少」だよ。

ないようを つかもう！

☆ニャーゴ　教科書 120～127ページ

お話に 合って いる ものには ○を、ちがって いる ものには ×を つけましょう。

ア（　）三びきの 子ねずみは、一生けんめい 先生の 話を 聞いた。

イ（　）ねこと 三びきの 子ねずみは、いっしょに ももを とりに 行った。

ウ（　）三びきの 子ねずみは、ねこの 子どもたちの ために、じぶんの ももを あげた。

子ねずみたちは、どうして ねこを こわがらないのかな。

3 牛が 草を 食う。（　　う）

4 弟が おやつを 食べる。（　　べる）

4 ことばの いみ　―の いみに 合う ほうに、○を つけましょう。

1 120ページ あっという間に 食べられる。

ア（　）すぐに。

イ（　）ゆっくりと。

2 120 話を ちっとも 聞かない。

ア（　）たっぷりと。

イ（　）ぜんぜん。

3 127 ももを かかえて 歩きだす。

ア（　）ゆびで しっかりと つかんで。

イ（　）うでで だくように もって。

ものしりメモ　みやにし たつやさんは、ほかにも 「おまえ うまそうだな」（きょうりゅうの お話）・「パパは ウルトラセブン」など、たくさんの 楽しい 絵《え》本を かいて いるよ。

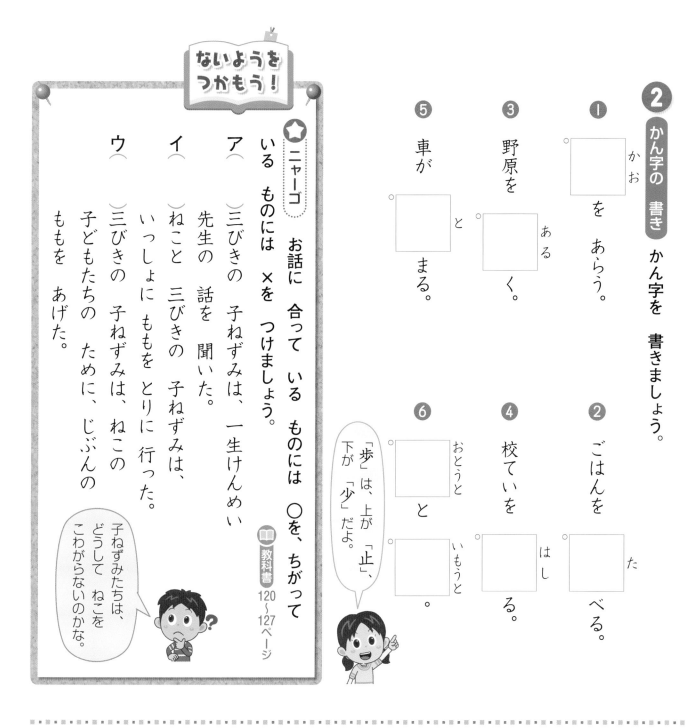

そうぞうを ふくらませて 読もう

れんしゅうのワーク

ニャーゴ

教科書 上118～130ページ

答え 8ページ

べんきょうした日 月 日

できるナビ
●子ねずみと ねこの ようすを 読みとろう。
●ねこの 気もちを 考えながら 読もう。

おわったら シールを はろう

文しょうを 読んで、答えましょう。

ニャーゴ
三びきの 前に、ひげを ぴんと させた 大きな ねこが、手を ふり上げて 立って いました。

三びきは、かたまって ひそひそ声で 話しはじめました。

「びっくりしたね。」

「この おじさん だれだあ。」

「きゅうに 出て きて、
ニャーゴ だって。」

「おじさん、だあれ。」

ねこは どきっと しました。

そこで、子ねずみは もう 一度《ど》、

「おじさん、だあれ。」

と、元気よく 聞きました。

1 三びきの 子ねずみが、ねこに 会った 場めんに ついて 答えましょう。

(1) 三びきの 前に 立って いた ねこの ようすを 書きましょう。

●ひげを （　　　　）と させて いた。

●手を （　　　　） 立って いた。

(2) よく出る● ねこを 見て、三びきが 話して いる ようすから、どんな ことが 分かりますか。（一つに ○を つけましょう。）

ア（　）三びきは、ねこを こわがって いる。

イ（　）三びきは、ねこを よく 知って いる。

ウ（　）三びきは、ねこの ことを 知らない。

2 ねこが、「少し 顔を 赤く」したのは なぜですか。

ア（　）思わず 名前を 言って しまった ことが、はずかしかったから。

ことばのいみ プラス
2行 ぴんと…まっすぐ のびて いる ようす。 3行 ふり上げる…いきおいよく 上の 方へ 上げる。 5行 かたまる…あつまる。

「だれって、だれって……たまだ。」

ねこは、言って しまってから、少し 顔を 赤く しました。

「そうか、たまか。ふうん。」

「たまおじさん、ここで 何 してるの。」

「何って、べつに。」

ねこは、口を とがらせて 答えました。

「じゃあ、ぼくたちと いっしょに、おいしい ももを とりに 行かない。」

それを 聞いて、ねこは 思いました。

(おいしい ももか。うん、うん。その あとで この 三びきを。ひひひひ。今日は、なんて ついて いるんだ。)

ねこは、子ねずみたちを せなかに のせると、ももの 木の 方へ 走って いきました。

三びきの 子ねずみと ねこは、ももを 食べはじめました。

(うまい。でも、たくさん 食べたら いけないぞ。おなか いっぱいに なったら、こいつらが 食べられなく なるからな。ひひひひ。)

ねこは、ももを 食べながら 思いました。

〈みやにし たつや「ニャーゴ」に よる〉

イ( )三びきが へいきで 話しかけて くるので、はらが 立ったから。

ウ( )三びきが 名前を 聞いて くれたので、うれしく なったから。

3 「その あとで この 三びきを。」の あとには、どんな ことばが つづきますか。考えて 書きましょう。

ねこは、「ひひひひ。」と わらって いるよ。よく ない ことを 考えて いるみたいだね。

( )

書いて みよう!

4 ももを とりに 行く ねこの ようすに ついて 答えましょう。

(1) どのように して 行きましたか。

子ねずみたちを ( )に のせて、
ももの 木の 方へ ( ) いった。

(2) (1)から、ねこの どんな ようすが 分かりますか。

ア( )いそいで いる ようす。

イ( )こまって いる ようす。

ウ( )おこって いる ようす。

ものしりメモ
「ねこ」が 入った ことばを 知って いるかな。「ねこの 手も かりたい」は、やくに 立たない ねこの たすけも ほしいほど、いそがしい ようすを あらわすよ。

きほんのワーク

ことばそうだんしつ　ものの　名前を　あらわす　ことば
絵を　見て　お話を　書こう　ほか

教科書　上131～139ページ

答え　8ページ

もくひょう
●ものの　名前を　あらわす　ことばを　おぼえよう。
●絵から　そうぞうして　お話を　書こう。

かん字れんしゅうノート14～15ページ

おわったら　シールを　はろう

あたらしい　かん字

◀れんしゅうしましょう。

ひつじゅん　1 2 3 4 5

教科書ページ	かん字	読み	画数	ひつじゅん
131	万	まん	3画	一 フ 万
131	切	せつ	4画	一 七 切 切
131	才	さい	3画	一 十 才
131	語	ご	14画	、 言 訂 訂 語 語 語
131	台	だい	5画	ム ム 台 台 台
134	絵	え	12画	幺 幺 糸 糸 紒 絵 絵
134	広	ひろい　ひろまる　ひろめる　ひろがる　ひろげる	5画	、 一 广 広 広
136	図	ず	7画	｜ 冂 冂 冈 冈 図 図

1 かん字の　読み　読みがなを　書きましょう。

○あたらしい　かん字
●読みかえの　かん字
◆とくべつな　読み方

①時間を　計る。（　　る）
②野さいを　食べる。
③天才と　言われる。
④丸太を　ころがす。
⑤台の　上。
⑥地図を　広げる。（　　げる）

2 かん字の　書き　かん字を　書きましょう。

①いちまんえん
②たいせつな　話。
③がいこくご
④えを　かく。

「万」と　にた　かん字の　「方」を　くべつしよう。

3 一年生の かん字

かん字を 書きましょう。

① □《おんな》の □《こ》

② □《おお》きい □《いぬ》。

☆ ものの 名前を あらわす ことば

4

なかまの ことばに なるように、合う ことばを □から えらんで 書きましょう。

① いちご ― ぶどう ― □ ― みかん

② たいこ ― すず ― □ ― オルガン

ひまわり　いわし　りんご　ピアノ

5

□の なかまを まとめて よぶ ことばを 書きましょう。

① きゅうり　にんじん　たまねぎ　だいこん　（　　　）

② ひまわり　あさがお　たんぽぽ　すみれ　（　　　）

☆ 絵を 見て お話を 書こう

6

つぎの 絵を 見て、③の 場めんに 合う お話を 考えて、文しょうを 書きましょう。

ある はれた 日、あひるが うさぎに 言いました。

「今日は、いい お天気だね。」

「さんぽを しようか。」

二人は、とことこ 歩きます。

「あっ、あれは 何だろう。」

うさぎが、木の ねもとで 光る はこを 見つけました。

あひるは、はこに かけよって、

「たからばこだ。」

と 言いました。

二人は、何を して いるのかな。どんな ことを 言って いるか、考えて 書いて みよう。

書いて みよう！

ものしりメモ

ごはんと いっしょに 食べる たくあんは、だいこんから 作られて いるよ。だいこんを 日に 当てて ほしたら、しおと こめぬかなどの 中に つけこむんだ。

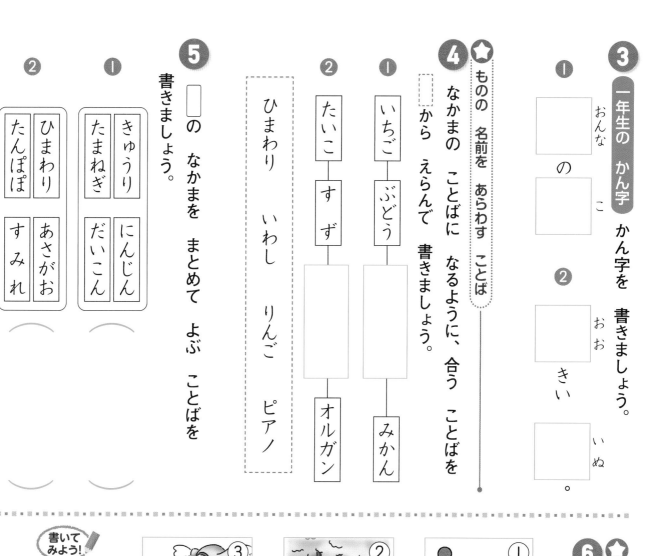

まとめのテスト

ニャーゴ

教科書 ㊤118～139ページ
答え 8ページ

べんきょうした日　月　日

時間20ぷん

とく点　/100点

おわったら シールを はろう

文しょうを　読んで、答えましょう。

そして、あと　少しの　ところまで　来た　ときです。ねこは、ぴたっと　止まって、

ニャーゴ

できるだけ　こわい　顔で　さけびました。

そして、

「おまえたちを　食って　やる。」

と　言おうと　した　その　ときです。

ニャーゴ

ニャーゴ

ニャーゴ

三びきが　さけびました。

「へへへ、たまおじさんと　はじめて　会った　とき、おじさん、ニャーゴって　言ったよね。あの　とき、おじさん、こんにちはって　言ったんでしょう。そして、今の　ニャーゴが

1　ねこが　言った「ニャーゴ」に　ついて　答えましょう。

(1)　どんな　顔で　言いましたか。〔10点〕

（　　　　）

(2)　その　あと、何と　言おうと　したのですか。〔10点〕

「（　　　　）」

2　三びきの　子ねずみが　言った「ニャーゴ」に　ついて　答えましょう。

(1)　よく出る　子ねずみは、どんな　いみの　ことばの　つもりで　言いましたか。〔10点〕

（　　　　）

(2)　子ねずみは　どんな　ようすで　言いましたか。〔10点〕
（一つに　○を　つけましょう。）

ア（　）楽しそうな　ようす。

ことばのいみ プラス
4行　できるだけ…やれる　中で　いちばんの。
35行　ためいき…こまった　ときや　がっかりした　ときなどに　はく　大きな　いき。

さよならなんでしょ。」

「おじさん、はい、これ　おみやげ。」

「みんな　一つずつだよ。ぼくは、弟に　おみやげ。」

「ぼくは　妹に。」

「ぼくは、弟に。たまおじさんは、弟か　妹　いるの。」

「おれの　うちには、子どもが　いる。」

ねこは、小さな　声で　答えました。

「へえ、何びき。」

「四ひきだ。」

ねこが　そう　言うと、

「四ひきも　いるなら
一つじゃ　足りないよね。

ぼくの　あげる。」

「ぼくのも　あげるよ。」

「ぼくの　ももも。」

「ううむ。」

ねこは、大きな　ためいきを
一つ　つきました。

〈みやにし　たつや「ニャーゴ」に　よる〉

イ（　）かなしそうな　ようす。

ウ（　）おこって　いる　ようす。

(3) 子ねずみは、はじめて　会った　ときに　ねこが　言った「ニャーゴ」を、どんな　いみの　ことばだと　思って　いますか。〔10点〕

（　　　　　　）

3 子ねずみが、ねこに　自分の　ももを　あげたのは、なぜですか。一つ10〔30点〕

ねこには（　　）も（　　）が　いると　いう　ことを　聞いて、（　　　　）と　思ったから。

チャレンジ!

4 ねこは、どんな　気もちで「大きな　ためいき」を　ついたのですか。〔20点〕

ア（　）本当は　ももなんか　きらいだから、ほしく　ない。

イ（　）やさしい　子ねずみたちを　食べる　ことなんて　できない。

ウ（　）できれば　もっと　たくさんの　ももが　ほしい。

ものしりメモ

「ねこ」と「ねずみ」が　入った　ことばに、「なく　ねこは　ねずみを　とらぬ」が　あるよ。「いろいろ　言う　人ほど　じっさいは　やくに　立たない」と　いう　いみだよ。

きほんのワーク
あまやどり

教科書 ㊦見返し～1ページ
答え 9ページ

べんきょうした日 月 日

もくひょう
●大きな 木の 下で、あまやどりを する ようすに 気を つけて、読んで みよう。

おわったら シールを はろう

しを 読んで、答えましょう。

あまやどり

つるみ まさお

ゆうだち ふって きた
あっちから きみが
こっちから ぼくが
あたまを かかえて
とびこんだ
大きな 木の かさ
きみの かさ
ぼくの かさ
の したで

1 よく出る このしは、二つの まとまりに 分けられます。二つ目の まとまりの はじめの 一行を 書きましょう。

（　　　　　　　　　　）

2 「あたまを かかえて／とびこんだ」から、「きみ」や「ぼく」の どんな ようすが 分かりますか。（一つに ○を つけましょう。）

ア（　）雨に ぬれながら あそぶ ようす。
イ（　）雨に ぬれたくて、走り出す ようす。
ウ（　）雨に ぬれないように、いそぐ ようす。

ことばの いみ プラス
だい名 あまやどり…雨が やむまで、雨が かからない ところで まつ こと。
14行 あくしゅ…手を にぎり合う こと。

ゆうだち　はれちゃった
あっち　いく　きみと
こっち　いく　ぼくと
にっこり　わらって
あくしゅした
大きな　木の　かさ
きみの　かさ
ぼくの　かさ
の　したで

3　ゆうだちの　とき、「大きな　木」は　何に　なりましたか。

みんなを　まもる　大きな（　　　）。

4　この　しの　一つ目の　まとまりと　二つ目の　まとまりで、同じ　ことを　言って　いる　行が　四つ　あります。さがして　そのまま　書きましょう。

四行が　同じ　ところを　さがそう。

ものしりメモ　「ゆうだち」は、なつの　夕方ごろに　きゅうに　ふり出す　どしゃぶりの　雨。雨が　やんだ　あとに　にじが　出る　ことも　あるよ。

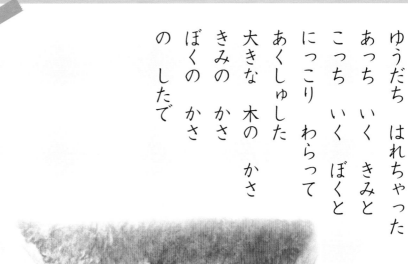

きほんのワーク

ビーバーの 大工事《じ》

教科書 下8～20ページ
答え 9ページ
べんきょうした日 月 日

もくひょう
だいじな ことばを さがしながら、知りたい ことを 読みとろう。

かん字れんしゅうノート16ページ

おわったら シールを はろう

あたらしい かん字

◀れんしゅうしましょう。 ひつじゅん 1 2 3 4 5

教科書ページ	かん字	読み	画数	ひつじゅん
10	工	こう く	3画	一 丅 工
10	北	きた	5画	一 ㇐ ㇑ 北 北
11	近	ちかい	7画	ノ 厂 斤 斤 斤 䜣 近
12	引	ひく ひける	4画	㇕ コ 弓 引
12	後	うしろ	9画	彳 彳 彳 彸 後 後 後
12	形	かたち	7画	一 二 チ 开 开 形 形
16	内	うち	4画	丨 冂 内 内

1 かん字の 読み

読みがなを 書きましょう。

1 ○工事《じ》を する。（　　じ）
2 ○北アメリカに すむ。（　　）
3 ●地ひびきを 立てる。（　　）
4 木に ○近よる。（　よる）
5 ●上あごの 歯《は》。（　　）
6 ◆大工さんが 木を ●切る。（　　）（　る）
7 ○後ろを ふりむく。（　ろ）
8 ●家ぞくで 出かける。（　　）

○あたらしい かん字
●読みかえの かん字
◆とくべつな 読み方

3 かん字の ちしき

読みがなを 書きましょう。

1 上を むく。（　　）
2 手を あらう。（　　）
3 上手に およぐ。（　　）

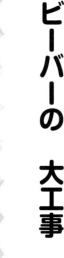

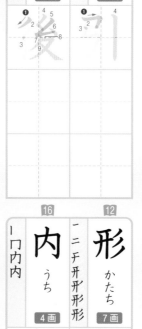

かん字の 組み合わせで とくべつな 読み方に なる ことが あるよ。

⑨ 五分間（　　）もぐる。

⑩ 夜中（　　）に 目が さめる。

2 かん字の 書き

かん字を 書きましょう。

① えだを □《ひ》 きずる。

② □《うし》 ろあしで 歩く。

③ おもしろい □《かたち》 。

④ はこの □《うち》 がわ。

土　上

工　止

形が にて いる かん字に ちゅういしよう！

ないようを つかもう！

☆ ビーバーの 大工事《じ》

ビーバーは、どんな どうぶつですか。正しい ものには ○を、まちがって いる ものには ×を つけましょう。

教科書 10〜17ページ

ア（　）日本の 森の 中に すんで いる。

イ（　）歯《は》は、やわらかくて 小さい。

ウ（　）後ろあしの ゆびと ゆびの 間に、水かきが ある。

エ（　）およぐ ときに、おで かじを とる。

4 ことばの ちしき

□から えらんで 合う ことばを 書きましょう。

① 赤ちゃんの ほっぺは、（　　）おもちのようだ。

② だれにも（　　）ひみつを 話さない。

③ 日が しずむと、（　　）月が のぼった。

まるで　やがて　けっして

「まるで……のようだ」は、ある ものの ようすを べつの ものに たとえた 言い方だよ。

ものしりメモ　ビーバーは、日本では 「うみだぬき」と いう 名前で よばれて いたんだよ。よく見ると、たぬきに にて いるかな？

れんしゅうのワーク

ビーバーの 大工事《じ》

教科書 下8～20ページ
答え 10ページ

べんきょうした日 月 日

できるナビ
ビーバーが どのように して ダムを 作るのかを、じゅんじょよく 読みとろう。

おわったら シールを はろう

文しょうを 読んで、答えましょう。

ビーバーは、木を くわえた まま、水の 中へ もぐって いきます。そうして、木の とがった 方を 川の そこに さしこんで、ながれない ように します。その 上に 小えだを つみ上げて いき、上から 石で おもしを して、どろで しっかり かためて いきます。

家ぞくの ビーバーたちも、はこんで きた 木を つぎつぎに ならべ、石と どろで しっかりと かためて いきます。

一度《ど》 もぐった ビーバーは、ふつうで 五分間、長い ときには 十五分間も 水の

3 「木の とがった 方」を 川の そこに さしこむのは、何の ためですか。

木が （　　　　）ように する ため。

4 よく出る● さしこんだ 木の 上に、どんな ことを して いきますか。じゅんに 書きましょう。

① （　　　　）を つみ上げる。
② 上から （　　　　）で おもしを する。
③ （　　　　）で しっかり （　　　　）いく。

さいしょの ぶぶんで せつ明して いるね。

5 ビーバーは、どれくらいの 時間、水の 中に もぐって いますか。

ふつうの とき （　　　　）

ことばのいみ プラス
9行 おもし…ものを おさえて おく ための もの。 24行 せき止める…ながれや うごきを じゃまして 止める。 25行 ダム…川を せき止めて、水を ためる ところ。

中に　います。
　ビーバーは、夕方から
夜中まで、家ぞくそう出で
しごとを　つづけます。
　こうして、つみ上げられた
木と　石と　どろは、一方の
川ぎしから　はんたいがわの
川ぎしまで、少しずつ　のびて
いき、やがて　川の　水を　せき止める
りっぱな　ダムが　できあがります。

〈なかがわ　しろう「ビーバーの　大工事《じ》」に　よる〉

1 この　文しょうは、何に　ついて　書かれて　いますか。（一つに　○を　つけましょう。）

ア（　）ビーバーが、ダムを　作る　ようす。

イ（　）ビーバーが、木を　切りたおす　ようす。

ウ（　）ビーバーの　すの　中の　ようす。

2 ビーバーは、木を　くわえると、つぎに　どう　しますか。

（　　　）の　中へ（　　　）いく。

長い　とき

6 「家ぞくそう出で」とは、どんな　いみですか。

ア（　）家ぞくが　だれも　いなく　なって。

イ（　）家ぞくで　そうだんして。

ウ（　）家ぞくが　ぜんいん　そろって。

（　　　）

7 「りっぱな　ダム」を　作る　ざいりょうを、三つ　書きましょう。

何を　つみ上げて　作るのかな。

（　　　）（　　　）（　　　）

8 できあがった　ダムを、空の　上から　見ると、どんな　ようすですか。

「一方の　川ぎしから　はんたいがわの　川ぎしまで」のびたら、どう　なるかな。

ア（　）

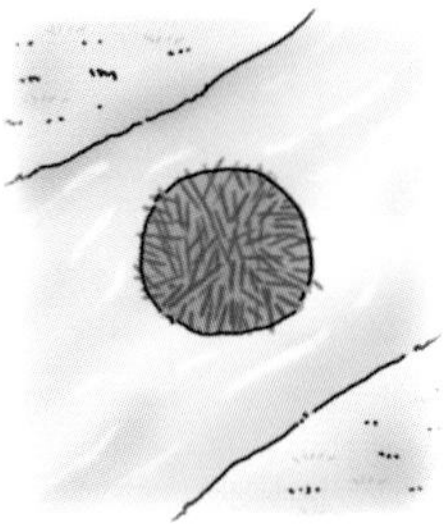

イ（　）

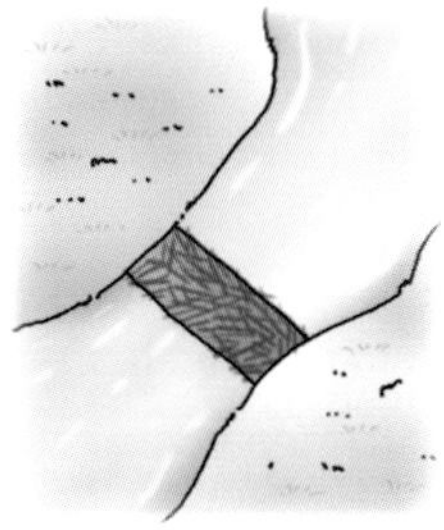

ウ（　）

ものしりメモ

ビーバーの　毛は、あぶらで　おおわれて　いるから、水を　はじいて　とおさないんだ。だから、水の　中に　いても、体は　ぬれないんだよ。

じょうほうの とびら 本で しらべる 「どうぶつカード」を 作ろう ほか

教科書 ㊦21〜29ページ
答え 10ページ

べんきょうした日 月 日

もくひょう
- 知りたい ことを 本で しらべる 方ほうを まなぼう。
- しらべた ことを カードに まとめよう。

おわったら シールを はろう

かん字れんしゅうノート17ページ

新しい かん字

◀れんしゅうしましょう。

教科書25ページ 海《うみ かい》 9画 ひつじゅん 丶 氵 汇 汇 海 海 海

27 新《あたらしい》 13画 ひつじゅん 亠 立 辛 辛 新 新 新

27 強《つよい つよまる つよめる》 11画 ひつじゅん ㇇ コ 弓 弘 弘 強 強

ひつじゅん 1 2 3 4 5

1 かん字の 読み 読みがなを 書きましょう。

① 海の（　　）えもの。

② 図書館《かん》に 行く。（　　かん）

③ 新しい くつ。（　　しい）

④ 力が 強い。（　　い）

○新しい かん字 ●読みかえの かん字 ◆とくべつな 読み方

2 かん字の 書き かん字を 書きましょう。

① □《かい》ていを およぐ。

② □《あたら》しい ふく。

「新」の 左がわは 「親」と 同じだね。

3 ☆じょうほうの とびら 本で しらべる

合う ことばを、[　]から えらんで 書きましょう。

① （　　　）には、どうぶつや しょくぶつなどの せつ明が、なかまごとに 絵や しゃしんと いっしょに のって います。

② （　　　）には、本に 出て くる じゅんに 見出しが ならべられて います。

[だい名　図かん　もくじ　さくしゃ]

「どうぶつカード」を 作ろう

4 川村《かわむら》さんが 書いた 「どうぶつカード」を 読んで、答えましょう。

カバの ひみつ

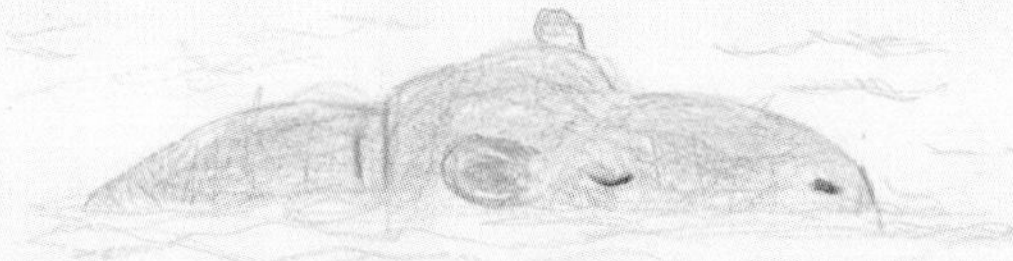

●知りたい こと

カバは、水の 中で ねむる とき、どう やって いきを するのか。

●本で しらべて 分かった こと

・ねむった まま 水めんに はなを 出して、いきを する。

・水中で、はなの あなを とじる ことが できる。

「どうぶつなぜなに図かん」55ページ

1 川村さんは、何と いう どうぶつの ひみつを しらべましたか。

（　　　　）の ひみつ。

2 どんな ことに 気を つけて 書いて いますか。（ぜんぶに ○を つけましょう。）

ア（　）知りたい ことと しらべて 分かった ことを、分けて 書いて いる。

イ（　）しらべた かんそうを 書いて いる。

ウ（　）しらべた 本の ページを 書いて いる。

エ（　）もくじの ないようを 書いて いる。

きせつの 足音――あき

5 つぎの しは、どのように 読むと よいですか。

うさぎ

（文部省唱歌《もんぶしょうしょうか》）

うさぎ　うさぎ
何　見て　はねる
十五夜《じゅうごや》　お月さま
見て　はねる

十五夜の（　　　　）を 見て とびはねて いる（　　　　）を 思いうかべながら 読む。

ものしりメモ

「十五夜《じゅうごや》」は、あきの　まん中（９月中ごろから　10月はじめ　あたり）の　まん月の　夜の こと。おそなえ　する　「お月見だんご」は、まん月のように　丸いね。

きほんのワーク

主語《しゅ》と　じゅつ語

教科書 下30～31ページ
答え 10ページ

もくひょう
●文の　中の　主語と　じゅつ語を　知って、それぞれの　つながりを　とらえよう。

かん字れんしゅうノート17ページ

おわったら シールを はろう

新しいかん字

◀れんしゅうしましょう。

教科書 30ページ

かん字	読み	画数	ひつじゅん
鳴 (30)	なく　なる　ならす	14画	口 卩 卩' 卩卩 卩自 鳴 鳴
雲 (30)	くも	12画	一 二 干 垂 雫 雪 雲
晴 (30)	はれる　はらす	12画	日 日 日一 日十 日生 晴 晴
船 (30)	ふね	11画	丿 月 舟 舟 舟八 船 船

ひつじゅん 1 2 3 4 5

1 かん字の　読み　読みがなを　書きましょう。

○新しい　かん字
●読みかえの　かん字
◆とくべつな　読み方

① とりが　鳴く。（　　く）
② 雲が　うかぶ。（　　）
③ あすは　晴れだ。（　　れ）
④ 船に　のる。（　　）

2 かん字の　書き　かん字を　書きましょう。

① 白い　□（くも）。
② □（ふね）が　すすむ。

3 つぎの　文の　主語《しゅ》を　さがして　書きましょう。

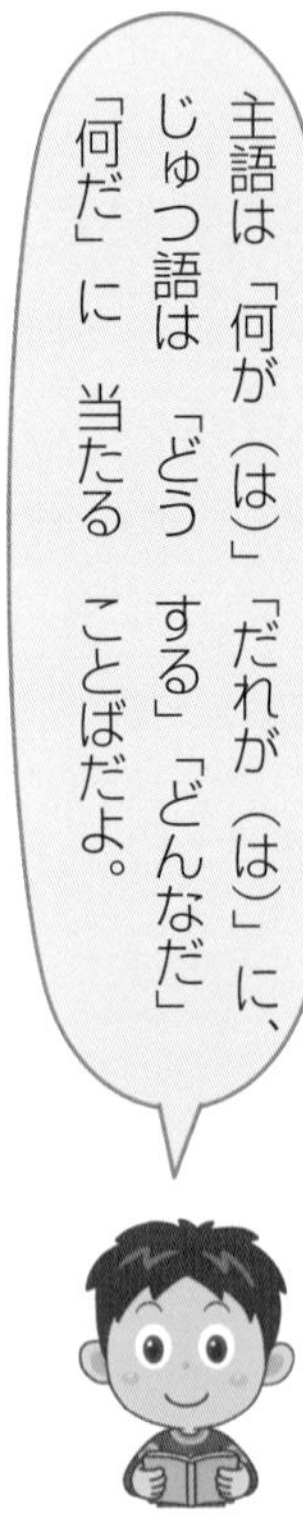
主語は「何が（は）」「だれが（は）」に、じゅつ語は「どう　する」「どんなだ」「何だ」に　当たる　ことばだよ。

① ねこが　ねむる。（　　）
② ぼくは　二年生だ。（　　）

4 つぎの　文の　じゅつ語を　さがして　書きましょう。

① ねこが　走る。（　　）
② 妹は　一年生だ。（　　）

5 つぎの　文の　――の　主語は、何を　あらわして　いますか。□から　えらんで、記ごうで　書きましょう。

❶（　）うら山の　木は　とても　大きい。
❷（　）さやかさんが　家に　あそびに　来た。
❸（　）あす、父《ちち》は、朝《あさ》　早く　出かける。
❹（　）そだてて　いた　ひまわりが　さいた。

ア　何が　　イ　何は
ウ　だれが　エ　だれは

6 つぎの　文の　＝＝の　じゅつ語は、何を　あらわして　いますか。□から　えらんで、記ごうで　書きましょう。

❶（　）赤ちゃんが　大きな　声で　なく。
❷（　）母《はは》の　しごとは　けいさつかんだ。
❸（　）わたしの　おねえさんは　やさしい。

ア　どう　する
イ　どんなだ
ウ　何だ

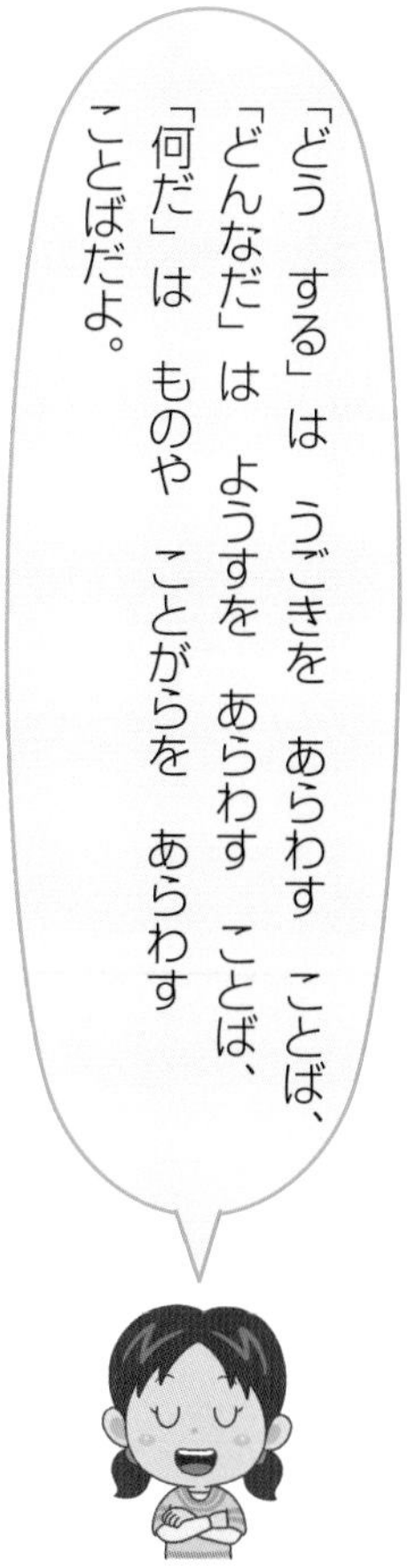
「どう　する」は　うごきを　あらわす　ことば、「どんなだ」は　ようすを　あらわす　ことば、「何だ」は　ものや　ことがらを　あらわす　ことばだよ。

7 れいに　ならって、つぎの　文の　主語に　――を、じゅつ語に　＝＝を　ひきましょう。
（❺は、じゅつ語が　二つ　あります。）

れい　犬が　ほえる。

❶ お日さまが　とても　まぶしい。
❷ ぼくは　林で　かぶと虫を　見つけた。
❸ もぐもぐと　きりんが　草を　食べる。
❹ とても　大きな　声で、弟は　わらった。
❺ きつつきは　くちばしで　木を　つつきます。そして、木の　中の　虫を　食べます。

ものしりメモ　「主《しゅ》語」の　「主」と　いう　かん字には、「中心《しん》と　なる　人。」や　「おもな。だいじな。」と　いう　いみが　あるよ。「主」は　3年生で　ならう　かん字だよ。

まとめの テスト

ビーバーの 大工事《じ》
主《しゅ》語と じゅつ語 ほか

教科書 下8～31ページ
答え 11ページ
べんきょうした日 月 日
時間 20分
とく点 /100点
おわったら シールを はろう

1 文しょうを 読んで、答えましょう。

ダムが できあがって、水が せき止められると、その 内がわに みずうみが できます。ビーバーは、その みずうみの まん中に、すを 作ります。

すは、ダムと 同じように、木と 石と どろを つみ上げて 作ります。それは、まるで、水の 上に うかんだ しまのようです。

すの 入り口は、水の 中に あり、ビーバーのように、およぎの 上手な

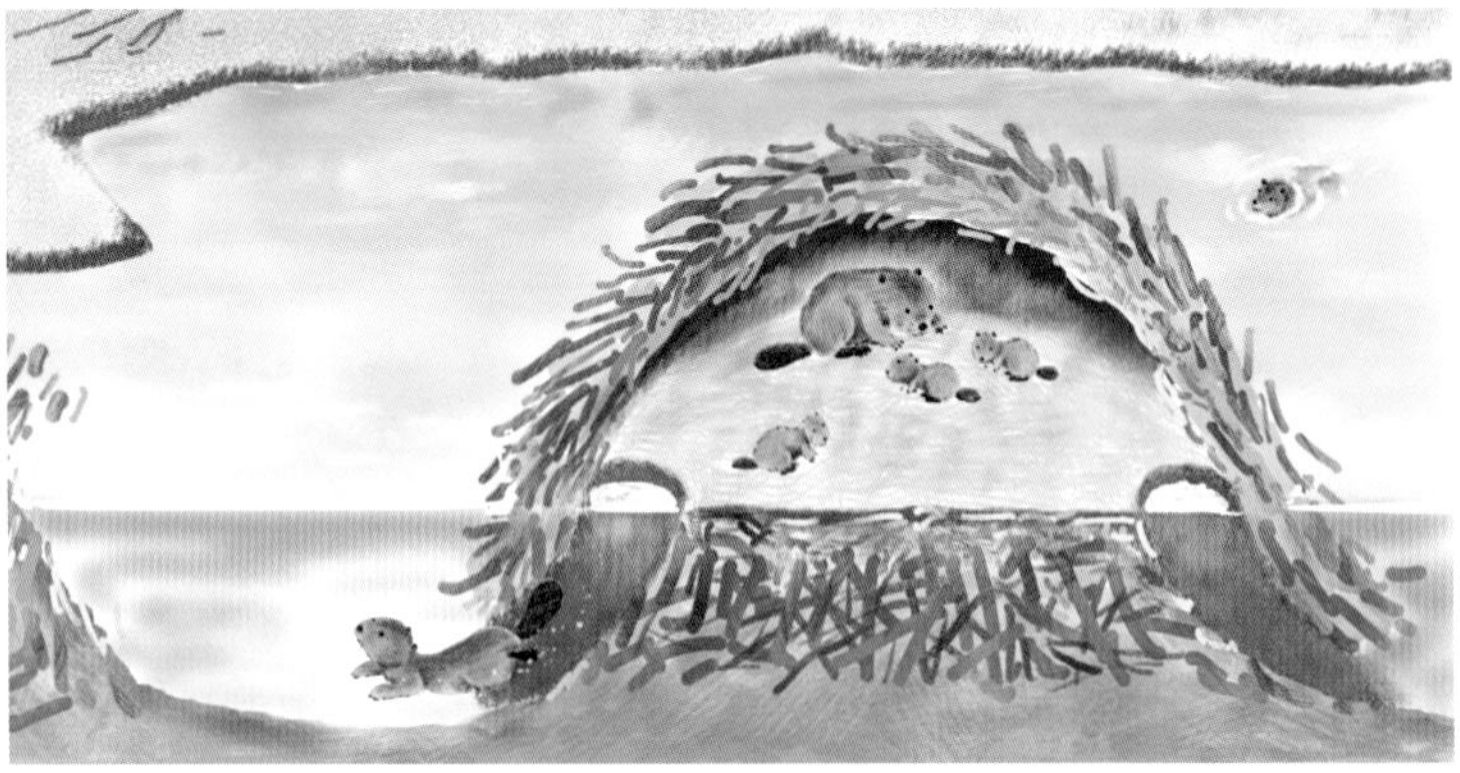

3 「すの 入り口」が 水の 中に あるのは、何の ためですか。（一つに ○を つけましょう。）〔20点〕

ア（　）すの 中を すずしく する ことで、すごしやすく する ため。

イ（　）いつでも およぎの れんしゅうが できるように する ため。

ウ（　）ほかの どうぶつが、すの 中に 入れないように する ため。

チャレンジ!

4 ビーバーが ダムを 作るのは、何の ためですか。〔一つ10〔20点〕〕

ダムで 川の 水を せき止めて □□□□ を 作り、その 中に、（　　　）を 作る ため。

ことばの いみ プラス
7行 す…どうぶつが すむ ところ。 16行 けっして…ぜったいに。
20行 てき…たたかう あいて。 21行 あんぜん…あぶなく ない こと。

どうぶつで　ないと、けっして　すの　中に
入る　ことは　できません。
ビーバーが　ダムを　作るのは、それで　川の
水を　せき止めて　みずうみを　作り、その
みずうみの　中に、てきに　おそわれない
あんぜんな　すを　作る　ためなのです。

〈なかがわ　しろう「ビーバーの　大工事《じ》」に　よる〉

1 よく出る　ビーバーは、どんな　ところに　すを　作りますか。　一つ5〔10点〕

ダムの　内がわに　できた（　　　）の（　　　）。

2 ビーバーの　すを、どんな　ものに　たとえて　いますか。　一つ5〔10点〕

（　　　）に　うかんだ（　　　）。

---

2 つぎの　文の　＝は、じゅつ語です。主語《しゅ》を　さがして　書きましょう。　一つ10〔20点〕

① 家の　前に　車が　とまった。
（　　　）

② 山からの　ながめが　きれいだ。
（　　　）

3 同じ　ところの　ある　かん字を　書きましょう。　一つ5〔20点〕

①
ア　□《つよ》い　力。
イ　つな□《ひ》き

②
ア　□《うち》がわ
イ　牛の　□《にく》。

ものしりメモ
ビーバーは、水かきが　ある　後ろあしと　オールのような　しっぽを　つかって　およぐんだ。1時間に　8キロメートルも　すすめるくらいの　スピードが　出せるんだって。

きほんのワーク

町で 見つけた ことを 話そう
かたかなを つかおう1

教科書 下32～39ページ
答え 11ページ

もくひょう
●組み立てを 考えて、見つけた ことを 分かりやすく 話そう。
●かたかなを つかって、文しょうを 書こう。

かん字れんしゅうノート17～18ページ

おわったら シールを はろう

新しい かん字

◀れんしゅうしましょう。

教科書ページ

教科書ページ	かん字	読み	画数	ひつじゅん
33	店	てん みせ	8画	丶 亠 广 广 庀 庀 店 店
33	冬	ふゆ	5画	ノ ク 夂 冬 冬
35	朝	あさ	12画	一 十 古 古 吉 卓 朝 朝
35	週	しゅう	11画	丿 冂 冂 円 用 周 周 调 週
35	市	いち	5画	丶 亠 广 方 市
39	茶	ちゃ	9画	一 艹 廾 艾 苁 苶 茶
39	春	はる	9画	一 三 夫 夫 夫 春 春
39	角	かく	7画	ノ ク 斤 角 角 角

ひつじゅん 1 2 3 4 5

1 かん字の 読み　読みがなを 書きましょう。

○新しい かん字
●読みかえの かん字
◆とくべつな 読み方

① 店長と 話す。（　　）
② 朝早く おきる。（　　）
③ 週に三日、市場に 行く。（　　）（　　）
④ お店が ならぶ。（　　）
⑤ 茶色の くつ。（　　）

2 かん字の 書き　かん字を 書きましょう。

① □《ふゆ》が おわって □《はる》に なる。
② □□□《さんかくけい》の パン。

「角」の 形に ちゅういしよう。
たてぼうは 下に つきぬけないよ。

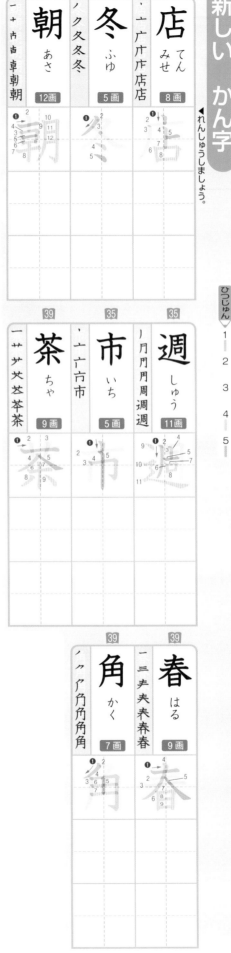

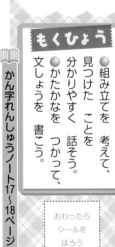

☆3 町で 見つけた ことを 話そう

「町で 見つけた こと」に ついて、つぎのように 話しました。これを 読んで 答えましょう。

わたしは、パンやさんで 見つけた ことを 二つ 話します。

一つ目は、朝 早くから はたらいて いる ことです。朝ごはんで 食べられるように、朝五時に パンを やきはじめます。

二つ目は、いつも やきたての パンが 食べられる ことです。人気の パンは、一日に 二十かいいじょう、やくそうです。

わたしも、こんど パンを かいに 行きたいと 思いました。

はじめ｜ 中 ｜おわり

1 「はじめ」「中」「おわり」で どんな ことを 話して いますか。・――・で むすびましょう。

「中」で、見つけた ことを せつ明して いるね。

はじめ・　　・ア 何に ついて 話すのか。

中・　　・イ 自分が 思った こと。

おわり・　　・ウ 分かった ことや 聞いた ことの くわしい せつ明。

2 じゅんじょを あらわす ときに つかう ことばを 二つ さがして、――を ひきましょう。

☆4 かたかなを つかおう1

つぎの 手がみの 中から、かたかなで 書くと よい ことばを 六つ 見つけて、かたかなで 書きましょう。

西山《にしやま》さん お元気ですか。ふらんすでの くらしは どうでしょう。

わたしは、まい日 元気に 学校へ 行って います。朝は、じゃむを ぬった ぱんや、はむを よく 食べて います。

西山さんから あずかった 犬は、わんわんと かわいい 声で 鳴きます。あにが ふく とらんぺっとの 音が お気に入りのようです。

ものしりメモ

外国から 来た ことばは、かたかなで 書くね。「ジャム」と 「ハム」は えいご、「パン」は、ポルトガルから 来た ことばが もとに なって いるよ。いろいろな くにの ことばなんだね。

きほんのワーク

なかまに なる ことば
「ありがとう」を つたえよう

教科書 下40～45ページ

答え 11ページ

べんきょうした日 月 日

もくひょう
●なかまに なる ことばを おぼえよう。
●気もちが つたわる 手紙の 書き方を 知ろう。

かん字れんしゅうノート18～19ページ

おわったら シールを はろう

新しい かん字

◀れんしゅうしましょう。 ひつじゅん 1 2 3 4 5

教科書ページ	かん字	読み	画数	ひつじゅん
40	夏	なつ・か	10画	一 丆 丙 百 頁 頁 夏 夏
40	秋	あき・しゅう	9画	ノ 二 千 禾 禾 秋 秋
40	東	ひがし・とう	8画	一 厂 戸 戸 亘 車 東 東
40	南	みなみ・なん	9画	一 十 广 冇 内 两 南 南
40	西	にし・さい	6画	一 厂 冂 丙 西 西
40	父	ちち	4画	ノ ハ ク 父
40	母	はは	5画	L 口 口 母 母
40	兄	あに・きょう	5画	丨 口 口 尸 兄
40	姉	あね	8画	く 女 女 女 女 妡 姉 姉
41	昼	ひる	9画	一 コ 尸 尺 尽 昼 昼
42	紙	かみ	10画	ㄑ 幺 糸 糸 紅 紅 紙 紙
43	室	しつ	9画	ヽ 宀 宀 宏 宝 室 室

1 かん字の 読み

読みがなを 書きましょう。

○新しい かん字
●読みかえの かん字
◆とくべつな 読み方

① 夏から 秋に なる。
② 南と 西。
③ 父と 母。
④ 兄と 姉。
⑤ すきな 教科。
⑥ 音楽を 聞く。
⑦ 体いくの 先生。
⑧ 東西南北の 方角。
⑨ 春夏秋冬の きせつ。
⑩ 兄弟で あそぶ。

⑪ 兄さん（　　さん）と 姉さん（　　さん）。 ⑫ 母さん（　　さん）

⑬ 父さん（　　さん） ⑭ ほけん室（　　）に 行く。

2 かん字の 書き

かん字を 書きましょう。

① □《ひる》 ごはん　② □□《てがみ》 を 書く。

3 ☆なかまに なる ことば

なかまの ことばに なるように、合う かん字を 書きましょう。

① □―西―南―北

② 春―夏―□―冬

③ 父―母―兄―□―（自分）―妹―弟

③は、自分から 見た 家ぞくだね。

---

4 ☆「ありがとう」を つたえよう

1 手紙の 書き方に ついて 答えましょう。

「ありがとう」を つたえる 手紙を 書く ときに、気を つける ことを まとめました。合う ことばを、□から えらんで 書きましょう。

① どんな（　　　）に 「ありがとう」と 言いたいのかが つたわるように 書く。

② あいてと 自分の（　　　）を 書く。

③ 書きおえたら、（　　　）に 出して 読みかえして、まちがいが ないか たしかめる。

名前　声　こと

2 手紙の 書き方と して、よい ものには ○を、よく ない ものには ×を つけましょう。

ア（　）字の まちがいに 気を つけて 書く。

イ（　）はじめに 自分の 名前を 書く。

ウ（　）読む 人の ことを 考えて、ていねいに 書く。

ものしりメモ　手紙では、あいての 名前を 「○○さんへ」と 書いた あと、「お元気ですか。」や、「お手紙 ありがとう。」などの あいさつの ことばを 入れると いいよ。

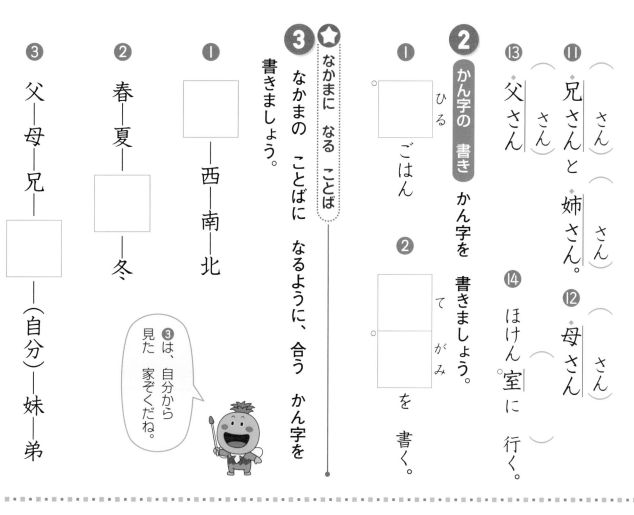

むかし話を　しょうかいしよう

きほんのワーク

かさこじぞう

教科書 下46～62ページ

答え 11ページ

もくひょう

●お話の　おもしろさを見つけながら、むかし話を　読もう。

●今の　お話と　ちがう言い方を　知ろう。

べんきょうした日　月　日

おわったら シールを はろう

新しい　かん字

◀れんしゅうしましょう。

教科書ページ	かん字	読み	画数
49	売	うる　うれる	7画
49	買	かう	12画
52	道	みち	12画
56	米	こめ	6画
58	歌	うたう　うた	14画
58	戸	と	4画

ひつじゅん　1　2　3　4　5

かん字れんしゅうノート20ページ

1 かん字の　読み　読みがなを　書きましょう。

① ある●年の　はじめ。（　　）

② かさを　○売る。（　　る）

③ もちを　●買う。（　　う）

④ 村の　●外れ。（　　れ）

⑤ ○道ばたに　立つ。（　　）

⑥ 安《あん》●心する（あん　　）

⑦ ○米を　食べる。（　　）

⑧ ●歌が　聞こえる。（　　）

⑨ ●雨○戸を　あける。（　　）

⑩ ●空っぽの　はこ。（　　）

○新しい　かん字　●読みかえの　かん字　◆とくべつな　読み方

歌

「歌」は、一画目は　よこぼうで、つぎは　「ロ」の　ぶぶんを　書くよ。

3 ことばの　いみ　——の　いみに　合う　ほうに、○を　つけましょう。

① 50ページ　せっせと　かさを　あむ。

ア（　）一生けんめいに。

イ（　）声を　出しながら。

2 かん字の 書き

かん字を 書きましょう。

① □《みち》ばたで □《う》る。

② □《こめ》を □《か》う。

③ 大声で □《うた》う。

④ □《と》を あける。

「買」の 上の ぶぶんの
形に ちゅういしよう。
「四」とは ちがうよ。

ないようを つかもう！

☆ かさこじぞう

お話の じゅんに なるように、○に 1～4の ばんごうを 書きましょう。

教科書 48～59ページ

---

2 [50] 町は 大にぎわいでした。

ア（ ）大きな 音を 出して、さわぐ こと。

イ（ ）人が 多くて、こみ合って いる こと。

3 [54] 「こらえて くだされ。」

ア（ ）がまんして。

イ（ ）おこって。

4 [58] 耳を すまして 聞く。

ア（ ）よく ちゅういして。

イ（ ）あいてに 近づいて。

4 ことばの ちしき

むかし話の ことばを 言いかえた ことばを、・―・で むすびましょう。

① できんのう ・　　・ア つめたいだろう

② ええがのう ・　　・イ できないなあ

③ つめたかろう ・　　・ウ いいけどなあ

ものしりメモ　「おじぞうさま」は、「じぞうぼさつ」と いう ほとけさまの こと。子どもや くるしんで いる 人たちを まもって くれると いわれて いるよ。

れんしゅうのワーク①

かさこじぞう

教科書　㊦46〜62ページ
答え　12ページ

べんきょうした日　月　日

できるナビ
じいさまと　ばあさまが　どんな　ことに　こまって　いるのかを　読みとろう。

おわったら　シールを　はろう

文しょうを　読んで、答えましょう。

むかしむかし、ある　ところに、じいさまと　ばあさまが　ありましたと。

たいそう　びんぼうで、その　日　その　日を　やっと　くらして　おりました。

ある　年の　大みそか、じいさまは　ためいきを　ついて　言いました。

「ああ、その　へんまで　お正月さんが　ござらっしゃると　いうに、もちこの　よういも　できんのう。」

「ほんにのう。」

「何ぞ、売る　もんでも　あれば　ええがのう。」

じいさまは、ざしきを　見回したけど、何にも　ありません。

「ほんに、何にも　ありゃせんのう。」

ばあさまは　土間の　方を　見ました。すると、

1　いつの　お話ですか。

むかしむかし、ある　年の　（　　　　）の　お話。

2　だれが　出て　きましたか。

（　　　　）と（　　　　）

3　「ためいきを　ついて」と　ありますが、じいさまは　どんな　ことに　こまって　いましたか。

たいそう（　　　　）なので、正月の（　　　　）の　ようい　も　できない　こと。

「ためいき」は、こまった　ときなどに　思わず　出る、大きな　いきの　ことだよ。

ことばの　いみ　プラス
3行　たいそう…とても。ひじょうに。　12行　ざしき…たたみが　しいて　ある　へや。
15行　土間…家の　中で、ゆかを　作らないで　地めんの　ままに　して　いる　ところ。

夏の　間に　かりとって　おいた　すげが　つんで
ありました。
「じいさま　じいさま、かさこ　こさえて、町さ
売りに　行ったら、もちこ　買えんかのう。」
「おお　おお、それが　ええ。そう　しよう。」
そこで、じいさまと　ばあさまは
土間に　下り、ざんざら　すげを
そろえました。そして、せっせと
すげがさを　あみました。
かさが　五つ　できると、
じいさまは　それを　しょって、
「かえりには、もちこ　買って
くるで。にんじん、ごんぼも
しょって　くるでのう。」
と　言うて、出かけました。

〈いわさき　きょうこ「かさこじぞう」に　よる〉

4 よく出る● もちを　買う　ために、じいさまと　ばあさまは　どんな　ことを　考えましたか。

じいさまと　ばあさまが　話して　いる　ことから　読みとろう。

かりとって　おいた　すげで
（　　　　）を　作って、（　　　　）へ
（　　　　）こと。

5 「すげがさを　あみました」と　ありますが、かさは　いくつ　できましたか。

（　　　　）

6 かさを　しょって　出かける　とき、じいさまは　どんな　気もちでしたか。（一つに　○を　つけましょう。）

ア（　）かさは　売れないから、もちや　野さいは　買えないだろうな。
イ（　）かさを　売って、もちや　野さいを　買って　こよう。
ウ（　）かさを　売れば、もちは　買えるけれど、野さいは　あきらめよう。

ものしりメモ
「大みそか」には、しん年を　気もちよく　むかえる　ために、今でも　大そうじを　したり、年こしそばを　食べたり、「じょやの　かね」を　ついたりと、いろんな　行事《ぎょうじ》を　するよ。

れんしゅうのワーク②

かさこじぞう

教科書 下46～62ページ
答え 12ページ

できるナビ
じいさまが じぞうさまに 何を して いるか、気もちと あわせて 読みとろう。

べんきょうした日 月 日

おわったら シールを はろう

文しょうを 読んで、答えましょう。

「年こしの 日に、かさこなんか 買う もんは おらんのじゃろ。ああ、もちこも もたんで かえれば、ばあさまは がっかりするじゃろうのう。」

いつのまにか、日も くれかけました。

じいさまは、とんぼり とんぼり 町を 出て、村の 外れの 野っ原《ぱら》まで 来ました。

風が 出て きて、ひどい ふぶきに なりました。

ふと 顔を 上げると、道ばたに じぞうさまが 六人 立って いました。

おどうは なし、木の かげも なし、ふきっさらしの 野っ原なもんで、じぞうさまは かたがわだけ 雪に うもれて いるのでした。

「おお、お気のどくにな。さぞ つめたかろうのう。」

じいさまは、じぞうさまの おつむの 雪を かきおとしました。

「こっちの じぞうさまは、ほおべたに しみを

1 よく出る 「とんぼり とんぼり」と かえる とき、じいさまは どんな 気もちでしたか。
（一つに ○を つけましょう。）

じいさまは、何を する ために 町に 来たのかな。

ア（ ）せっかく 作った かさなのに、だれも 買って くれないので、おこって いる。

イ（ ）もちが 買えなかったので、ばあさまが がっかりするだろうと、しょげて いる。

ウ（ ）もちの かわりに、何を ばあさまに あげようかと、こまって いる。

2 道ばたに 立って いた じぞうさまは、どんな ようすでしたか。

ア（ ）

イ（ ）

ウ（ ）

ことばのいみ プラス
7行 ふぶき…強い 風に ふかれて ふる 雪。 11行 ふきっさらし…風が 当たる ままに なって いる こと。 35行 つぎはぎ…やぶれに ほかの ぬのを 当てて ある こと。

こさえて。それから、この　じぞうさまは　どうじゃ。はなから　つららを　下げて　ござらっしゃる。」

じいさまは、ぬれて　つめたい　じぞうさまの　かたやら　せなやらを　なでました。

「そうじゃ。この　かさこを　かぶって　くだされ。」

じいさまは、売りものの　かさを　じぞうさまに　かぶせると、風で　とばぬよう、しっかり　あごの　ところで　むすんで　あげました。

ところが、じぞうさまの　数は　六人、かさこは　五つ。どうしても　足りません。

「おらので　わりいが、こらえて　くだされ。」

じいさまは、自分の　つぎはぎの　手ぬぐいを　とると、いちばん　しまいの　じぞうさまに　かぶせました。

「これで　ええ、これで　ええ。」

〈いわさき　きょうこ「かさこじぞう」に　よる〉

3　「この　かさこを　かぶって　くだされ。」に　ついて　答えましょう。

(1)　じいさまは、なぜ　じぞうさまに　かさを　かぶせようと　したのですか。

じいさまは、つもった　雪を　かきおとして、じぞうさまの　体を　なでて　いるよ。

雪の　中の　じぞうさまを　見て、さぞ　（　　　　）と、（　　　　）に　思ったから。

(2)　かさが　足りなく　なった　とき、じぞうさまの　ために、じいさまは　どう　しましたか。

書いてみよう！

（　　　　）

(3)　六人の　じぞうさまに　かぶせおわった　とき、じいさまは　どんな　気もちでしたか。

ア（　）これで　じぞうさまが、自分に　おれいを　もって　きて　くれるだろう。

イ（　）これで　じぞうさまは、もう　つめたい　思いを　しなくて　すむだろう。

ウ（　）じぞうさまに　かさを　あげたから、ばあさまは　おこるだろう。

ものしりメモ　じいさまが　かさを　あんだ　すげは、水べに　生える　草だよ。夏の　間に　かって　ほして、田んぼの　しごとの　ない　冬に、かさなどを　作ったんだよ。

きほんのワーク

かん字を つかおう5
ことばそうだん室 人が する ことを あらわす ことば ほか

教科書 ㊦63～69ページ
答え 13ページ

べんきょうした日 月 日

もくひょう
●いろいろな かん字を おぼえよう。
●主語《しゅ》や じゅつ語を かえて、いろいろな 文を 作ろう。

おわったら シールを はろう

新しい かん字

◀れんしゅうしましょう。 ひつじゅん 1 2 3 4 5

教科書 63ページ

教科書ページ	かん字	読み	画数
63	曜	よう	18画
63	午	ご	4画
63	谷	たに	7画
63	岩	いわ がん	8画
63	池	いけ	6画

かん字れんしゅうノート19ページ

1 かん字の 読み

読みがなを 書きましょう。

○新しい かん字 ●読みかえの かん字 ◆とくべつな 読み方

1 日曜日
2 午前と 午後。
3 ふかい 谷。
4 大きな 岩石。
5 池の さかな。

「午前」は 夜の 十二時から 昼の 十二時、「午後」は 昼の 十二時から 夜の 十二時の ことだよ。

2 かん字の 書き

かん字を 書きましょう。

1 月 □《よう》 日の □□《しょうご》。
2 □《たに》 ぞこの □《いわ》。
3 □《いけ》 で あそぶ。

「しょうご」は、昼の 十二時だよ。

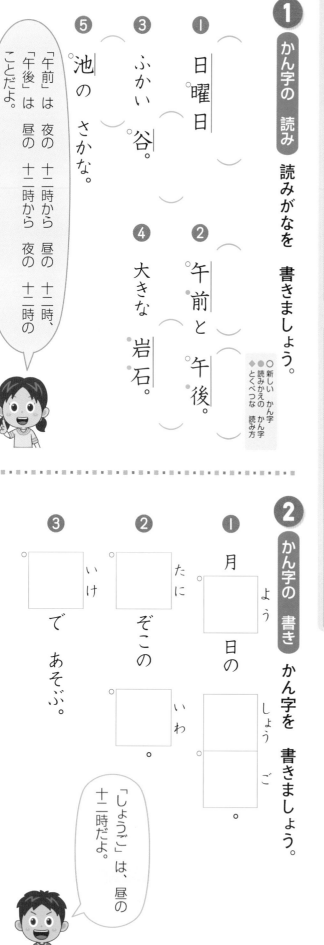

3 一年生の かん字 かん字を 書きましょう。

1 □《くるま》が 走る。 2 □《すい》曜日

4 ☆ 人が する ことを あらわす ことば

つぎの 絵を 見て、「ぼく」を 主語《しゅ ご》に した 文を、三つ 作りましょう。

1 ぼくは、かさを（　　　　）。

2 ぼくは、学校に（　　　　）。

3 ぼくは、歌を（　　　　）。

5 つぎの 絵を 見て、□の 人を 主語に した 文を 作りましょう。

お父さん
妹

1 「妹」が 主語の 文

妹が、お父さんから、（　　　　）。

2 「お父さん」が 主語の 文

お父さんが、妹に、（　　　　）。

「お父さん」が もって いる ものは、ぬいぐるみだね。

ものしりメモ じゅつ語の しゅるいには、人が する ことを あらわす ことばの ほかに、「どんなだ」「何だ」「ある・いる」を あらわす ことばが あるよ。

きほんのワーク

かん字を つかおう6
きせつの 足音――冬

教科書 下70～71ページ
答え 13ページ

べんきょうした日　月　日

もくひょう
●冬らしい しを 読もう。
●ことばの おもしろさを 見つけよう。

かん字れんしゅうノート22ページ

おわったら シールを はろう

新しい かん字

◀れんしゅうしましょう。

教科書70ページ

かん字	読み	画数	ひつじゅん
鳥	とり	11画	′ ｲ ｲ' 户 白 自 鳥 鳥
馬	うま	10画	ｌ ┌ Π 冂 馬 馬 馬
首	くび	9画	ソ 䒑 䒑 产 首 首
番	ばん	12画	一 ヱ 平 釆 番 番

ひつじゅん 1 2 3 4 5

1 かん字の 読み　読みがなを 書きましょう。

○新しい かん字　●読みかえの かん字　◆とくべつな 読み方

① 鳥（　）の 鳴き声。

② 馬（　）の 首（　）。

③ そうじ当番（　）

④ 図画工作（　）の 時間。

2 かん字の 書き　かん字を 書きましょう。

① □《とり》が □《うま》の せなかで 休む。

3 一年生の かん字　かん字を 書きましょう。

① じてん車が □《に》台 ある。

② □《きゅう》ひきの 子犬。

③ □□《よにん》で あそぶ。

☆ きせつの 足音——冬

4 しを 読んで、答えましょう。

雪

（文部省唱歌《もんぶしょうしょうか》）

雪や こんこ
あられや こんこ
ふっては ふっては
ずんずん つもる
山も 野原も
わたぼうし かぶり
かれ木 のこらず
花が さく

1 冬らしい けしきや ようすを あらわして いる ことばを、しの 中から 一字で 書きましょう。

どんどん ふって つもる ようすだね。

□

2 **よく出る●** ❶山や 野原に つもって いる 雪、❷かれ木の えだに つもって いる 雪を、それぞれ 何に たとえて いますか。

❶ □□□□□

❷ □

---

5 つぎの ことばは、上から 読んでも 下から 読んでも 同じ 読みに なる ことばです。○に 入る 文字を 書き、ことばに 合う 絵を 下から えらんで、・——・で むすびましょう。

❶ ト○ト ・ ・ア
❷ きつ○き ・ ・イ
❸ にわの○に ・ ・ウ

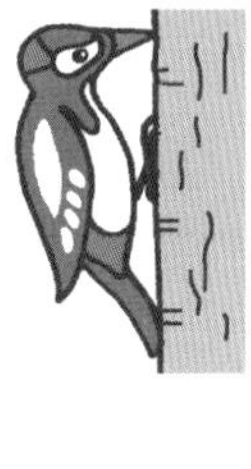

6 つぎの ことばが、上から 読んでも 下から 読んでも 同じ 読みに なるように、（ ）に 合う ひらがなを 書きましょう。

❶ ダンスが（　　）
❷ たけやぶ（　　）
❸ わたしまけ（　　）

ものしりメモ 「しんぶんし」や「たいやきやいた」のように、上から 読んでも、下から 読んでも、同じに なる ことばや 文を、「回文《かいぶん》」と いうよ。回文も、ことばあそびの 一つだよ。

まとめのテスト

かさこじぞう

教科書 ㊦46～71ページ
答え 13ページ
時間 20分
とく点 /100点
おわったら シールを はろう
べんきょうした日 月 日

1 文しょうを 読んで、答えましょう。

すると、真《ま》夜中ごろ、雪の 中を、
じょいやさ じょいやさ
と、そりを 引く かけ声が して きました。
「ばあさま、今ごろ だれじゃろ。長者《じゃ》どんの わかいしゅが 正月買いもんを しのこして、今ごろ 引いて きたんじゃろうか。」
ところが、そりを 引く かけ声は、長者どんの やしきの 方には 行かず、こっちに 近づいて きました。
耳を すまして 聞いて みると、
六人の じぞうさ
かさこ とって かぶせた

1 よく出る 「じょいやさ じょいやさ」と ありますが、これは 何ですか。〔10点〕
（　　　　）

2 チャレンジ!
(1) ［　］に ついて 答えましょう。
歌いながら、何を さがして いますか。 一つ10〔30点〕
六人の じぞうさまに、（　　　）や（　　　）を かぶせて くれた（　　　）と、ばあさまの 家。

(2) 歌って いたのは、だれですか。くわしく 書きましょう。〔15点〕
（　　　　）

ことばのいみ プラス
23行 くる…じゅんじゅんに うごかす。 27行 空ぞり…にもつを つんで いない そり。
32行 おかざり…正月を いわって、家の 中や 外に かざる もの。

じさまの　うちは　どこだ
ばさまの　うちは　どこだ

と　歌って　いるのでした。そして、じいさまの　うちの　前で　止まると、何やら　おもい　ものを、

ずっさん　ずっさん

と　下ろして　いきました。

　じいさまと　ばあさまが　おきて　いって、雨戸を　くると、かさこを　かぶった　じぞうさまと、手ぬぐいを　かぶった　じぞうさまが、

　じょいやさ　じょいやさ

と、空ぞりを　引いて、かえって　いく　ところでした。

　のき下には、米の　もち、あわの　もちの　たわらが　おいて　ありました。

　その　ほかにも、みそだる、にんじん、ごんぼや　だいこんの　かます、おかざりの　まつなどが　ありました。

　じいさまと　ばあさまは、よい　お正月を　むかえる　ことが　できましたと。

〈いわさき　きょうこ「かさこじぞう」に　よる〉

3 よく出る　「何やら　おもい　もの」とは、何ですか。
（一つに　○を　つけましょう。）〔10点〕

ア（　）新しい　かさと　手ぬぐい。
イ（　）金もちに　なる　ための　たから。
ウ（　）お正月を　むかえる　ための　しなもの。

4 「じいさまと　ばあさまは、よい　お正月を　むかえる　ことが　できました」と　ありますが、この　とき、じいさまは　ばあさまに　何と　言ったでしょうか。考えて　書きましょう。〔15点〕

書いて　みよう！

（　　　　　　　　）

2 読みがなを　書きましょう。　一つ5〔20点〕

❶
ア　雨ふり（　　）
イ　雨がさ（　　）

❷
ア　空を　見る。（　　）
イ　空の　はこ。（　　）

ものしりメモ　お正月の　おぞうにに　入れる　おもちは、かんとう地方では　やいた　四角の　切りもち、かんさい地方では　ゆでた　丸もちを　つかう　ことが　多いんだって。

きほんのワーク
むかしから　つたわる　言い方

教科書　下72〜77ページ
答え　14ページ

もくひょう
●むかしから　つたわる　いろいろな　言い方や　あそびを　知ろう。

かん字れんしゅうノート23ページ

おわったら　シールを　はろう

1 かん字の　読み　読みがなを　書きましょう。

●読みかえの　かん字

① 一回　つかう。（　　）

2 絵の　①〜⑤の　どうぶつを　十二支《し》の　言い方で　書きましょう。

①（　　）
②（　　）
③（　　）
④（　　）
⑤（　　）

3 「小《しょう》の　月」を　読んで、答えましょう。

教科書　74ページ1行（●小の　月）〜74ページ10行（……もって　いるんだよ。）

1 「小の　月」とは、どんな　月の　ことですか。

ひと月が、（　　）日よりも（　　）月の　こと。

2 教科書74ページ5行「にしむくさむらい」は、それぞれ　何月を　さす　ことばを　組み合わせた　ものですか。

に ← 二月
し ← ①（　　）
む ← 六月
く ← ②（　　）
さむらい ← ③（　　）

4

つぎの 「いろは歌」の 中で、今の ひらがなと ちがう 文字を 見つけて、○を つけましょう。

い	ろ	は	に	ほ	へ	と
ち	り	ぬ	る	を		
わ	か	よ	た	れ	そ	
つ	ね	な	ら	む		
う	ゐ	の	お	く	や	ま
け	ふ	こ	え	て		
あ	さ	き	ゆ	め	み	し
ゑ	ひ	も	せ	す		

5

つぎの 「いろはかるた」の、○に 入る ひらがなを 書きましょう。

今の ひらがなと ちがう 文字は、二つ あるよ。

「いろはかるた」は、「いろは歌」の ひらがなが 一文字目に くる ことばを あつめて 作った かるただよ。

❶

おにに かなぼう

❷

花より だんご

❸

月と すっぽん

❹

頭かくして しりかくさず

ものしりメモ

「小の 月」に たいして、「大《だい》の 月」と いう 言い方が あるよ。ひと月に 31日 ある 月の ことで、1月・3月・5月・7月・8月・10月・12月を さすんだ。

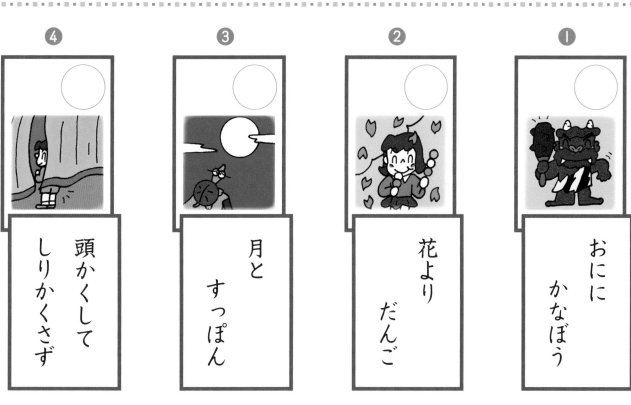

きほんのワーク

かん字の 読み方と おくりがな

教科書 下78～79ページ

答え 14ページ

べんきょうした日 月 日

もくひょう
●おくりがなに 気を つけて、いろいろな かん字の 読み方を おぼえよう。

かん字れんしゅうノート23～24ページ

おわったら シールを はろう

新しい かん字

◀れんしゅうしましょう。

ひつじゅん 1 2 3 4 5

教科書79ページ

魚 ぎょ さかな うお 11画

79

電 でん 13画

79

細 ほそい ほそる こまか こまかい 11画

1 かん字の 読み

読みがなを 書きましょう。

○新しい かん字
●読みかえの かん字
◆とくべつな 読み方

① 後に つづく。（　　）

② 外で あそぶ。（　　）

③ 金魚を かう。（　　）

④ 電車に のる。（　　）

⑤ 水田が 広がる。（　　）

⑥ 角を まがる。（　　）

2 かん字の 書き

かん字を 書きましょう。

① □《ほそ》い 道。

3

れいに ならって、つぎの かん字の 読みと おくりがなを 書きましょう。

かん字の 読み　おくりがな

れい 上：（あ）げる　①（　）がる　②（　）る

入：（い）①□　②（　）る　③（　）る

空いて いる ところを、ぜんぶ 書けるかな。
その 読み方で、どんな 文が 作れるかな。考えて みよう。

4 れいに ならって、つぎの ――の かん字の 読みと おくりがなを 書きましょう。

れい　生

・百さいまで　生（い）（きる）。
・まなんだ　ことを　生（❶）（❷）。
・花びんに　花を　生（❸）（❹）。
・作ひんを　生（❺）（❻）。
・子ねこが　生（❼）（❽）。
・かみの毛が　生（❾）（❿）。
・ひげを　生（⓫）（⓬）。

5 つぎの ――を、かん字と おくりがなで 書きましょう。

❶ 夜が　あける。
❷ あかるい　日ざし。
❸ 車が　きゅうに　とまる。
❹ せんぷうきを　とめる。
❺ 今《こん》月は　雨が　すくない。
❻ すこし　休む。
❼ ほそい　道が　つづく。
❽ こまかい　もようを　かく。

二つずつ 同じ かん字を 書くように なって いるね。

ものしりメモ
「教える」「教わる」のように、おくりがなが ちがうと、ことばの いみが かわる ことも あるよ。ちゅういして おぼえよう。

きほんのワーク

あなの　やくわり

教科書 下80〜90ページ

答え 14ページ

べんきょうした日　月　日

もくひょう
●あなの　やくわりに　ついて、せつ明の　ながれを　おいながら　読みとろう。

かん字れんしゅうノート24ページ

おわったら シールを はろう

新しい　かん字

◀れんしゅうしましょう。　ひつじゅん 1 2 3 4 5

教科書86ページ

通　とおる　とおす　10画

○新しい　かん字
●読みかえの　かん字
◆とくべつな　読み方

1 かん字の　読み　読みがなを　書きましょう。

① 先に　かえる。（　　）

② 車が　通る。（　　る）

「通」と「道」には、
同じ　ぶぶんが　あるね。
形にも　気を　つけよう。

2 かん字の　書き　かん字を　書きましょう。

① 風の □《とお》り道。

4 ことばの　いみ　——の　いみに　合う　ほうに、○を　つけましょう。

① 82ページ　わたしたちの　みの回り。
ア（　）まい日の　くらしや　自分の　そば。
イ（　）木のみの　外がわ。

② 82　やくわりを　考える。
ア（　）まもらなければ　ならない　きまり。
イ（　）わりあてられた　しごと。

③ 83　さわって　くべつする。
ア（　）ちがいで　分ける。
イ（　）前もって　考える。

3 ことばの ちしき

上の ことばに つづく ことばを 下から えらんで、•——•で むすびましょう。

① 何回も はいた くつ下に あなが•　　•ア 引っかかる。

② みの回りに ある あなを•　　•イ あく。

③ たくさんの 水が あなから•　　•ウ 出る。

④ コンセントの 出っぱりが あなに•　　•エ さがす。

ないようを つかもう！

☆あなの やくわり　つぎの 「あな」は、何の ために あいて いますか。○に 記ごうを 書きましょう。

教科書 82〜87ページ

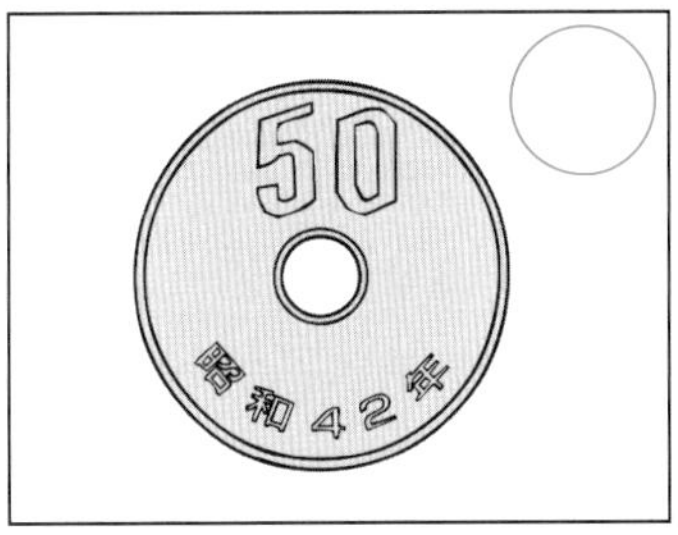
50
昭和42年

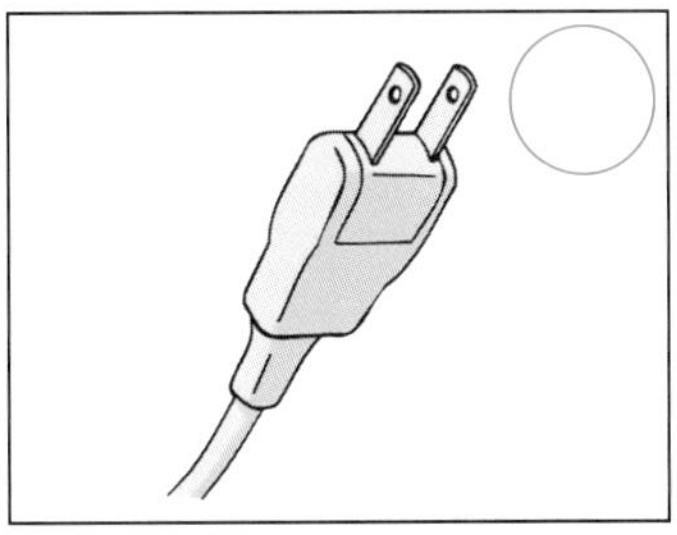

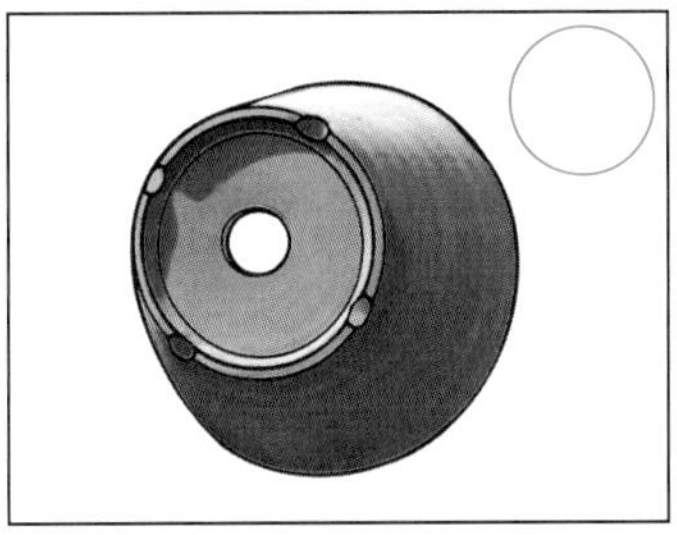

ア いらない 水を 外に 出す ため。

イ 空気の 通り道を 作る ため。

ウ さわって、ほかと くべつできるように する ため。

エ さしこむ 中の 出っぱりに 引っかけて、ぬけにくく する ため。

---

4 85 草の ねが くさる。

ア（　）いたんで しまって、そだたなく なる。

イ（　）つなぎ合わせて 元気に なる。

5 86 空気の あなが ひつようだ。

ア（　）なくても かまわない。

イ（　）なくては ならない。

5 ことばの ちしき

といの 文に ○を つけましょう。

ア（　）つくえの うえに おもちゃが たくさん あります。

イ（　）みんなで いっしょに 考えて みましょう。

ウ（　）これは いったい 何の ために あるのでしょうか。

といの 文とは、何かを たずねる 文の ことだよ。

ものしりメモ　あなの あいた 五十円玉を 作りはじめたのは、今から 60年いじょう 前だよ。その ときの 五十円玉の 大きさは、今より 少し 大きかったんだ。

れんしゅうのワーク

あなの　やくわり

教科書 ㊦80～90ページ
答え 14ページ

できるナビ
●二つの　あなの　やくわりを　読みとって、まとめよう。

べんきょうした日　月　日

おわったら　シールを　はろう

文しょうを　読んで、答えましょう。

　五十円玉の　まん中には、あなが　あいて　います。これは、さわった　ときに　百円玉と　くべつする　ための　あなです。むかしの　五十円玉には　あなが　なく、百円玉と　同じくらいの　大きさだったので、まちがえる　人が　いました。そこで、五十円玉に　あなを　あけ、さわった　ときに　くべつできるように

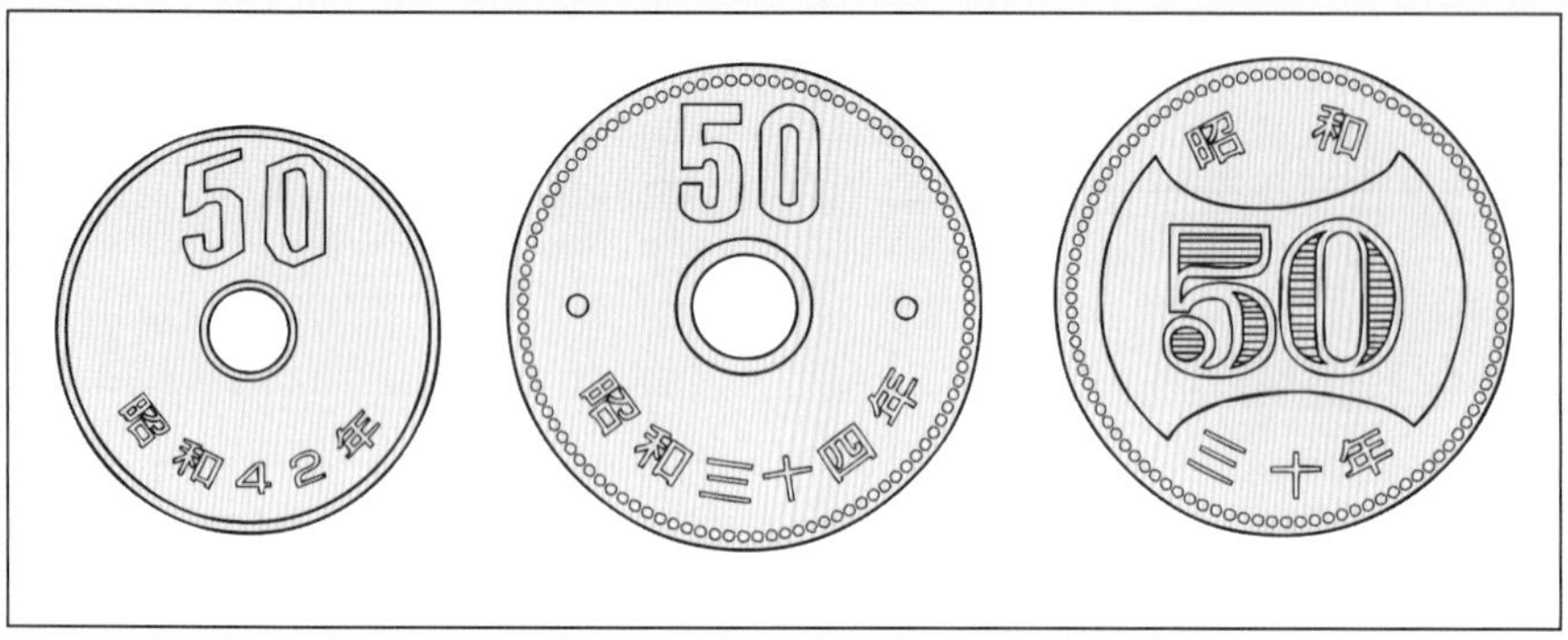

1 何の　あなに　ついて　書いて　ありますか。二つ　書きましょう。

❶ （　　　　）の　まん中の　あな。

❷ （　　　　）の　先の　あな。

2 五十円玉の　あなに　ついて　答えましょう。

(1) よく出る● 五十円玉の　あなは、何の　ために　あいて　いますか。

（　　　　）ため。

(2) よく出る● 「くべつできるように　した」と　ありますが、それは　なぜですか。

むかしの　五十円玉の　大きさが、（　　　　）と（　　　　）くらいで、まちがえる　人が　いたから。

ふべんな　ところが　あったんだね。

ことばの　いみ　プラス
17行　コンセント…きかいに　電気を　ひく　コードを　つなぐ　ため、かべなどに　とりつけた　さしこみ口。　18行　プラグ…きかいの　コードの　先に　ついて　いる　さしこむ　もの。

したのです。
コンセントに　さしこむ　プラグの　先には、あなが　あいて　います。これは、プラグを　ぬけにくく　する　ための　あなです。コンセントの　中には　出っぱりが　あり、それが　プラグの　あなに　引っかかるように　なって　います。この　ことに　より、プラグが　ぬけにくく　なるのです。

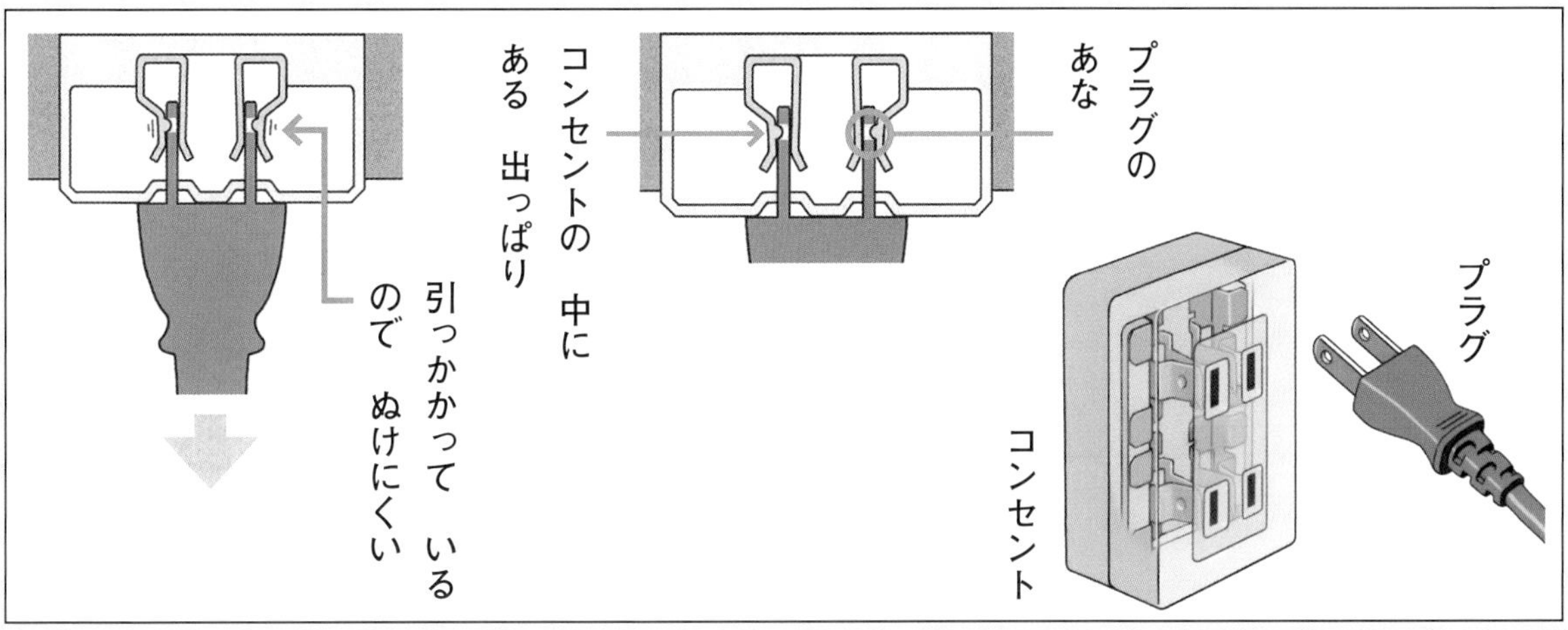
プラグ
コンセント
プラグの　あな
コンセントの　中に　ある　出っぱり
引っかかって　いるので　ぬけにくい

〈にいだ ゆみこ「あなの　やくわり」に　よる〉

3　「ぬけにくく　する　ための　あな」に　ついて　答えましょう。

(1)　どこに　ある「あな」ですか。（一つに　○を　つけましょう。）

ア（　）プラグの　先。
イ（　）コンセントの　外。
ウ（　）コンセントの　中。

すぐ　前の　文に「あな」の　せつ明が　あるよ。

(2)　どうして　ぬけにくく　なるのですか。

（　　　　　　　　）が、プラグの　あなに（　　　　　　　　）ように　なって　いるから。

4　コンセントの　中の　出っぱりと　プラグの　あなが　きちんと　はたらく　ことで、何が　どう　なるのですか。

（　　　　　　　　）

ものしりメモ
家の　中で　よく　見る　コンセントには、細長い　あなが　2つ　あいて　いるね。ほかにも、あなが　3つや　4つの　ものも　あるよ。コンセントや　プラグは　形が　きちんと　きめられて　いるんだ。

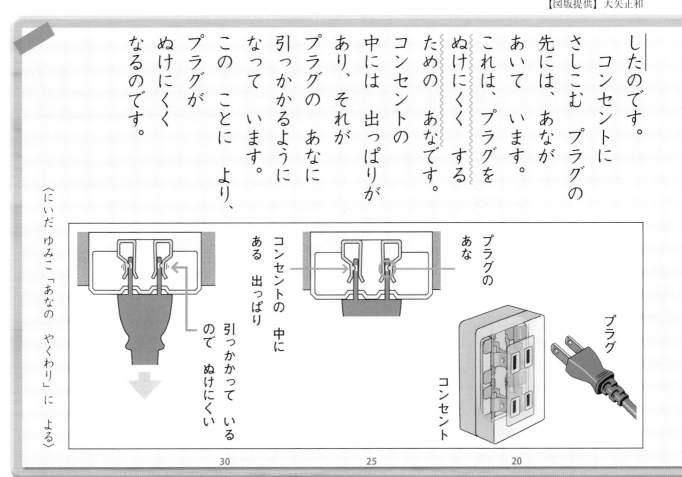

きほんのワーク

かん字を つかおう7　はんたいの いみの ことば

教科書 下91～93ページ

答え 15ページ

べんきょうした日　月　日

もくひょう
●はんたいの いみの ことばを あつめて おぼえよう。

かん字れんしゅうノート24～25ページ

おわったら シールを はろう

新しい かん字

◀れんしゅうしましょう。

教科書ページ	かん字	読み	画数	ひつじゅん
91	汽	き	7画	丶 氵 氵 氵 汽 汽 汽
91	刀	とう / かたな	2画	フ 刀
91	弓	ゆみ	3画	フ コ 弓
91	矢	や	5画	ノ 乂 仁 午 矢
91	直	ちょく	8画	一 十 广 冇 冇 直 直 直
91	里	さと	7画	丨 口 日 日 甲 甲 里
91	寺	てら	6画	一 十 土 土 寺 寺
91	黒	くろ / くろい / こく	11画	丨 口 日 甲 里 里 黒
92	弱	よわい / よわる / よわまる / よわめる / じゃく	10画	フ コ 弓 弓 弓 弱 弱
92	遠	とおい / えん	13画	土 吉 声 韦 袁 遠 遠
93	古	ふるい / ふるす	5画	一 十 十 古 古
93	半	はん	5画	丶 丷 丷 兰 半
93	公	こう	4画	ノ 八 公 公

ひつじゅん 1 2 3 4 5

1 かん字の 読み

読みがなを 書きましょう。

○新しい かん字　●読みかえの かん字　◆とくべつな 読み方

① 木刀（　　）を もつ。

② 弓（　　）と 矢（　　）。

③ お寺（　　）の 門。

④ 黒（　　）ばんに 書く。

⑤ 今年（　　）の 夏。

⑥ 時計（　　）を 見る。

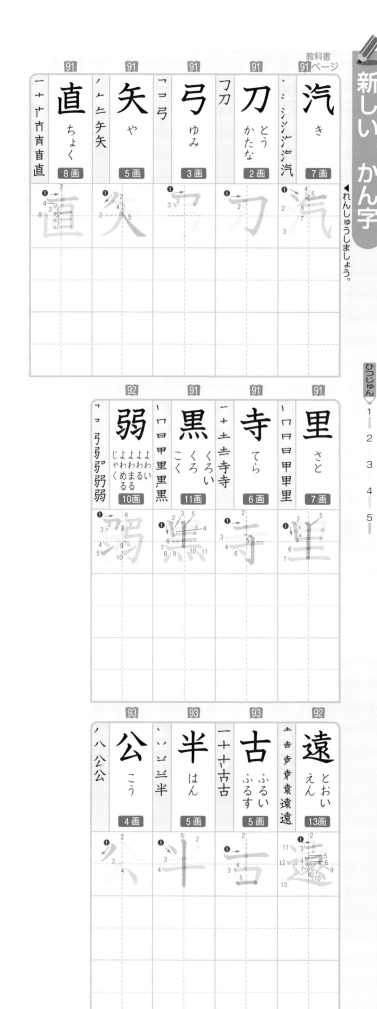

⑦ 左右を 見る。（　　）

⑧ 絵が 下手だ。（　　）

⑨ 本の 売買。（　　）

⑩ 川の 下手。（　　）

2 かん字の 書き

かん字を 書きましょう。

① □□《きしゃ》に のる。

② □□《ちょくせん》

③ □□《やまざと》に すむ。

④ □《くろ》い 毛。

⑤ □□《はんぶん》に 切る。

⑥ □□《こうえん》

3 一年生の かん字

かん字を 書きましょう。

① □《まち》と □《むら》に 行く。

4 はんたいの いみの ことば

つぎの はんたいの いみの ことばを かん字で 書きましょう。

① 前 ↔ □《うし》ろ

② □《よわ》い ↔ 強い

③ □《とお》い ↔ 近い

④ □《ふる》い ↔ 新しい

5

つぎの ――の はんたいの いみの ことばを、[　]から えらんで 書きましょう。

① この パンは かたい。（　　）

② 広い へやで あそぶ。（　　）

③ 高い 木が ある。（　　）

[やすい　やわらかい　せまい　ひくい]

ものしりメモ

はんたいの いみの かん字を 合わせると、一つの ことばに なる ものが あるよ。「左右」「前後」「大小」「上下」などが そうだね。ほかにも さがして みよう。

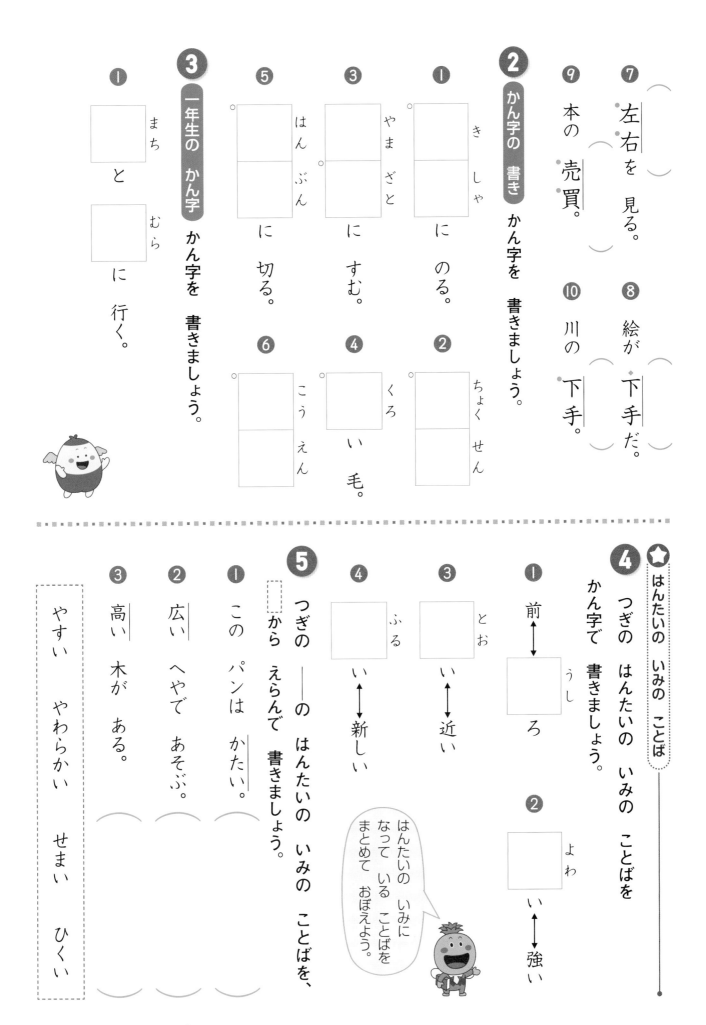

じょうほうの とびら 同じ ところ、ちがう ところ
くらべて つたえよう

教科書 ㊦94〜101ページ
答え 15ページ

べんきょうした日 月 日

もくひょう
●みの回りの にて いる ものに ついて、同じ ところと ちがう ところを くらべて、せつ明しよう。

おわったら シールを はろう

かん字れんしゅうノート26ページ

新しい かん字

教科書98ページ

理《り》 11画

一 T Ŧ 王 玎 玾 理 理

◀れんしゅうしましょう。

ひつじゅん 1 2 3 4 5

1 かん字の 読み　読みがなを 書きましょう。

① 国語で 学んだ（　　んだ） こと。

② しらべた ことを せい理（　　　）する。

○新しい かん字
●読みかえの かん字
◆とくべつな 読み方

2 かん字の 書き　かん字を 書きましょう。

① □《り》ゆうを 話す。

3 ☆同じ ところ、ちがう ところ

スプーンと フォークの 同じ ところと ちがう ところを ひょうに まとめました。

つかう とき	しょくじの とき	しょくじの とき
形	先が 丸い	先が とがって 分かれて いる
おもな つかい方	すくって 食べる	・さして 食べる ・まきつけて 食べる

● スプーンと フォークの 同じ ところは 何ですか。（二つに ○を つけましょう。）

ア（　　）つかう とき
イ（　　）形
ウ（　　）おもな つかい方

4 ☆ くらべて つたえよう

木村《きむら》さんは、スプーンと フォークを くらべて せつ明する 文しょうを 書きました。読んで、答えましょう。

やくわりの

しょくじの ときに つかう

スプーン と フォーク

（はじめ）

まず、スプーンと フォークの 同じ ところは、どちらも しょくじの ときに つかう ところです。

つぎに、ちがう ところを せつ明します。

（中）

一つ目は、形です。スプーンは、先が 丸く なって います。フォークは、先が とがって、何本かに 分かれて います。

二つ目は、おもな つかい方です。スプーンは、スープや チャーハンなどを すくって 口に はこびます。フォークは、食べものを さして 口に はこびます。スパゲッティを まきつけて 食べる ことも できます。

（おわり）

このように、同じ ところ、ちがう ところを せい理したら、二つの しょっきの とくちょうが よく 分かりました。ほかの しょっきに ついても しらべて みたいと 思いました。

1 木村さんは、「おわり」には、何を 書きましたか。

ア（　）とり上げる もの。
イ（　）二つの ものの ちがい。
ウ（　）思った こと。

「思いました。」と さいごに 書いて いるね。

2 木村さんは、二つの ものの ちがいに ついて、どのように せつ明して いましたか。

（二つに ○を つけましょう。）

ア（　）音を あらわす ことばを つかった。
イ（　）ことがらごとに 分けて 書いた。
ウ（　）形の にて いる ものに たとえた。
エ（　）つかい方を くわしく せつ明した。
オ（　）数や りょうを あげて せつ明した。

ものしりメモ やきゅうには 「フォークボール」と いう なげ方が あるよ。二本の ゆびで ボールを はさむ 形が フォークに にて いる ことから 名づけられたんだ。

まとめのテスト

あなの やくわり はんたいの いみの ことば

教科書 下80～101ページ
答え 15ページ

べんきょうした日 月 日

時間20分

とく点 /100点

おわったら シールを はろう

1 文しょうを 読んで、答えましょう。

しょうゆさしには、二つの あなが あいて いる ものが あります。二つの うち、一つは、しょうゆを 出す ための あなで、もう 一つは、空気が 入る ための あなです。しょうゆが、小さい あなを 通って 出るには、空気の 通り道が ひつようです。あなが 一つしか ないと、空気が

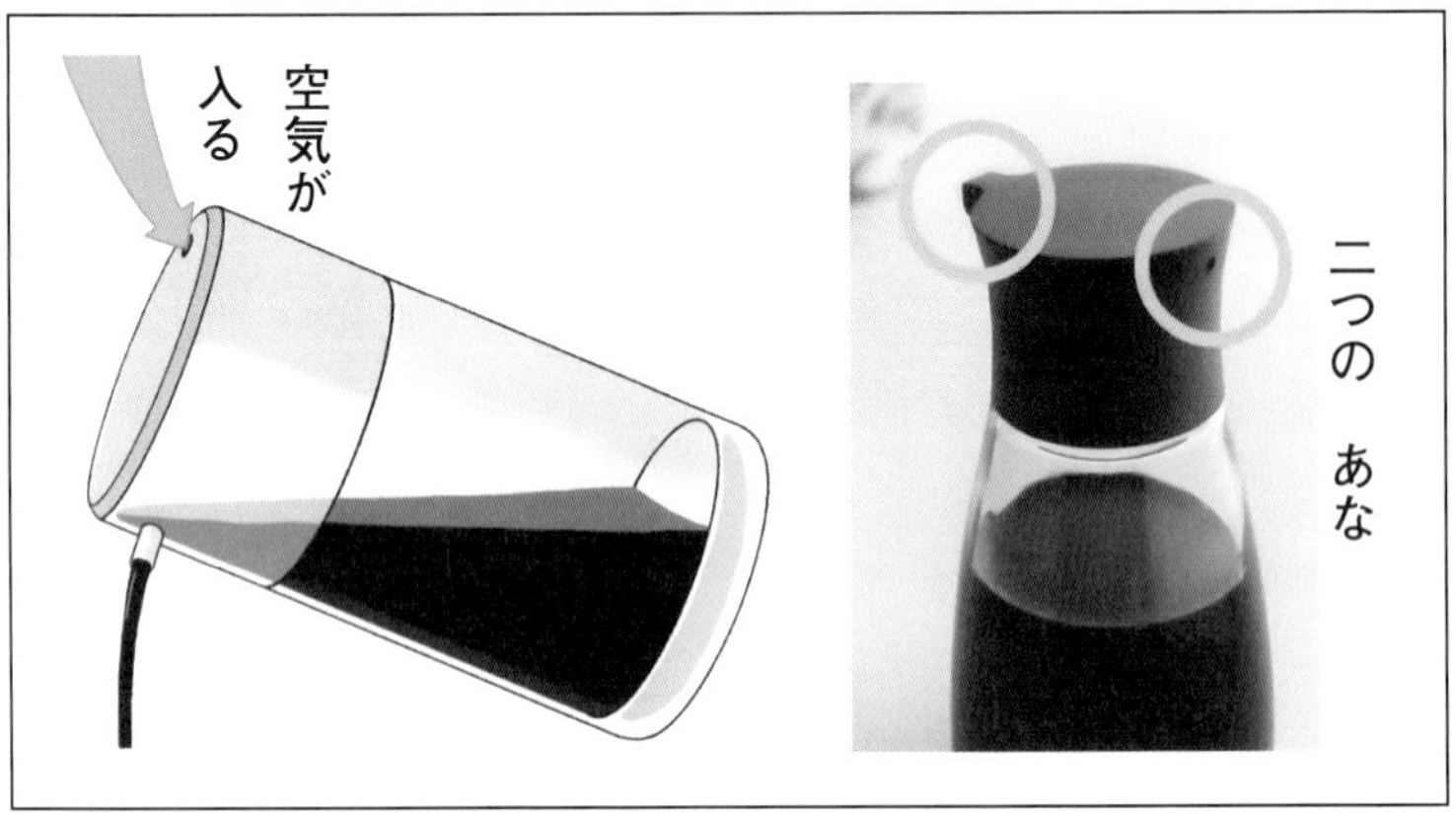

⬅

2 よく出る 「二つの あな」は、何の ために あいて いますか。二つ 書きましょう。 一つ10〔20点〕

（　　　　）ため。

（　　　　）ため。

3 あなが 一つしか ないと、しょうゆは どう なりますか。 一つ10〔20点〕

空気が（　　　　）ので、

しょうゆが（　　　　）なって しまう。

⬅

ことばのいみ プラス

1行 しょうゆさし…しょうゆを 入れて、テーブルの 上で つかう 小さな 入れもの。

13行 通り道…通って いく 道。

【写真提供】加藤勝彦 【図版提供】大矢正和

入って こないので、しょうゆが 出なく なって しまうのです。

　このように、あなには、ものを つかいやすく する ための いろいろな やくわりが あります。

　この ほかにも、みの回りには あなの あいて いる ものが たくさん あります。みなさんも あなを さがして、どんな やくわりが あるか 考えて みましょう。

〈にいだ ゆみこ「あなの やくわり」に よる〉

1 何の あなに ついて 書いて ありますか。 一つ10〔20点〕

（　　　　）に あいて いる

（　　　　）の あな。

チャレンジ!

4 この 文しょうの まとめと して、どんな ことが 書いて ありますか。〔12点〕

あなには、ものを つかいやすく する ための

（　　　　）が ある こと。

5 文しょうの 中で、図の あを せつ明して いる 文は どれですか。さがして、上の 文しょうに ——を ひきましょう。〔10点〕

6 「みなさんも あなを さがして」と ありますが、思いうかぶ あなを 一つ 書きましょう。〔12点〕

書いて みよう!

（　　　　）

2 上の ことばと はんたいの いみの ことばを ——で むすびましょう。 一つ2〔6点〕

❶ 小さい・　　・多い

❷ 少ない・　　・明るい

❸ 長い・　　・大きい

　　　　　　・みじかい

ものしりメモ

やかんの ふたにも 小さな あなが あいて いるよ。これは、にえたった おゆが ふたを おし上げないように、あつい 空気を にがす ための あななんだよ。

おわったら シールを はろう

きほんのワーク

声に 出して みよう
たからものを しょうかいしよう
ことばあそびを 楽しもう

教科書 ㊦102～113ページ
答え 16ページ

もくひょう
- ことばを 声に 出して たしかめよう。
- つたえたい ことに ついて、分かりやすく 話そう。

かん字れんしゅうノート27ページ

新しい かん字

◀れんしゅうしましょう。

教科書103ページ

用　よう　5画

ノ 冂 月 月 用

ひつじゅん 1 2 3 4 5

1 かん字の 読み

読みがなを 書きましょう。

○新しい かん字　●読みかえの かん字　◆とくべつな 読み方

① 画用紙に 書く。（　　）
② 明日の 天気。（　　）
③ 今朝は さむい。（　　）
④ 川原を 歩く。（　　）
⑤ 七夕まつり（　　）
⑥ 牛の 角。（　　）

2 かん字の 書き

かん字を 書きましょう。

① 白い □□□《がようし》。

3 声に 出して みよう

つぎの ことばを、手を たたきながら リズムよく 言う とき、何回 手を たたきますか。れいに ならって、数を かん字で 書きましょう。

れい かぶとむし（五）
① つくえ（　　）
② シャツ（　　）
③ ランドセル（　　）
④ 一ぴき（　　）
⑤ 休日（　　）

4

つぎの 文を 声に 出して 読んだ とき、——の 一文字目を 高く 言う ほうに、○を つけましょう。

①
ア（　）はしを 歩いて わたる。
イ（　）はしを 手に もって 食べる。

②
ア（　）自分の せきに すわる。
イ（　）かぜで せきが 出る。

③
ア（　）しんしんと 雪が ふる。
イ（　）友だちを 見つけて、手を ふる。

5 ☆ たからものを しょうかいしよう

森田《もりた》さんは、大切に して いる 白くまの ぬいぐるみを、しょうかいします。つぎの 【森田さんが 書いた カード】と 【森田さんの 話】を 読んで、答えましょう。

【森田さんが 書いた カード】

たからもの	白くまの ぬいぐるみ
くわしく 話したい こと	1 赤ちゃんの ときから まくら元に いた。 2 自分で 「くままる」と 名前を つけた。 3 ふわふわの 毛を して いる。

【森田さんの 話】

わたしの たからものは、白くまの ぬいぐるみです。ふわふわの 毛が 気に 入って います。
自分で 「くままる」と 名前を つけました。赤ちゃんの ときから、いつも まくら元に いて、いっしょに ねて いました。ないて いる ときも、くままるの しっぽを にぎると、あん心して ねむったそうです。
今は、妹が くままると いっしょに ねて います。これからも、二人で 大切に したいと 思います。

● 森田さんが 書いた カードの 中で、くわしく 話した ことは どれですか。
（一つに ○を つけましょう。）

1（　）赤ちゃんの ときから まくら元に いた。
2（　）自分で 「くままる」と 名前を つけた。
3（　）ふわふわの 毛を して いる。

6 ☆ ことばあそびを 楽しもう

ことばを 一文字ずつ 入れかえながら、新しい ことばに かえましょう。

はる
↓

は□
→

□ね
↓

あ□

ものしりメモ
①「あめ（雨）が ふる。」②「あめを なめる。」の 二つの 文を 読んで みよう。東京《とうきょう》では、ふつう、①は 「あ」を 高く、②は 「め」を 高く 言うよ。

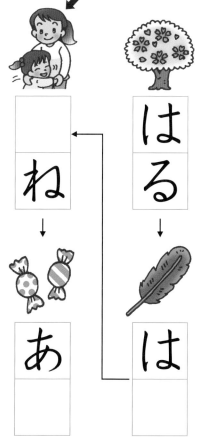

きほんのワーク

お手紙　かん字を　つかおう8

教科書　下114〜131ページ
答え　16ページ

べんきょうした日　月　日

もくひょう
●人ぶつの　したことと　気もちを、場めんごとに　考えながら　読もう。

かん字れんしゅうノート27〜28ページ

おわったら　シールを　はろう

新しい　かん字

◀れんしゅうしましょう。　ひつじゅん　1 2 3 4 5

教科書118ページ　毎　まい　6画
119　帰　かえる　かえす　10画
131　羽　はね　6画
131　京　きょう　8画
131　麦　むぎ　7画
131　交　こう　6画

1　かん字の　読み　読みがなを　書きましょう。

① 毎日　六時に　帰る。（　　）（　　）（　　る）
② 親友と　話す。（　　）（　　）
③ 東京に　行く。（　　）（　　）
④ 小麦こを　こねる。（　　）（　　）
⑤ かん字を　書き直す。（　　す）
⑥ 交通ルール（　　）（　　）

○新しい　かん字
●読みかえの　かん字
◆とくべつな　読み方

2　かん字の　書き　かん字を　書きましょう。

① □《まい》朝　さんぽする。

「毎」の　下の　ぶぶんは、「母」とは　ちがうよ。
毎　母

4　ことばの　ちしき　合う　ことばを、□から　えらんで　書きましょう。

① 強い　風が　ふいた。（　　　）、はっぱが　ちった。
② わたしは　顔を　あらった。（　　　）、はを　みがいた。

それから　　すると

② 学校から□《かえ》る。

③ からすの□《はね》。

④ □□《むぎちゃ》をのむ。

3 一年生のかん字　かん字を書きましょう。

① □《あめ》がやむ。

② □□《あおぞら》と□《しろ》い雲。

③ □《あか》い□□《ゆうひ》がしずむ。

ないようをつかもう！

☆お手紙　お話のじゅんになるように、○に2～5の番ごうを書きましょう。

教科書 116～127ページ

5 ことばのいみ　——のいみに合うほうに、○をつけましょう。

1 120ページ 「まかせてくれよ。」

ア（　）自分にやらせて。

イ（　）気をつけて。

2 121 まっことにあきあきする。

ア（　）あきて、すっかりいやになる。

イ（　）かなしくて、なきたくなる。

3 122 ひょっとして、手紙が来るかもしれない。

ア（　）言うとおり。

イ（　）もしかしたら。

4 122 まどから外をのぞく。

ア（　）すきまからようすを見る。

イ（　）いらないものをすてる。

ものしりメモ　がまがえるは、「ひきがえる」ともよばれるかえるだよ。虫などを「ひき」よせて食べるから、この名前になったと言われているんだ。

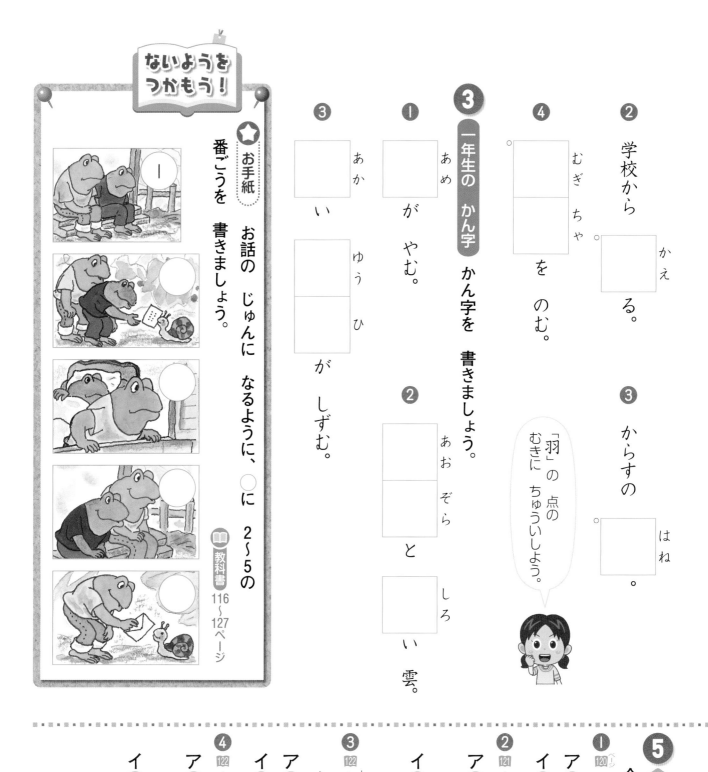

れんしゅうのワーク

お手紙

教科書 下114～131ページ
答え 16ページ

できるナビ
●どんな　場めんかに　気を　つけて、人ぶつの　気もちや　した　ことを　読みとろう。

べんきょうした日　月　日

おわったら　シールを　はろう

✖ 文しょうを　読んで、答えましょう。

がまくんは、げんかんの　前に　すわって　いました。

かえるくんが　やって　きて、言いました。

「どう　したんだい、がまがえるくん。きみ、かなしそうだね。」

「うん、そうなんだ。」

がまくんが　言いました。

「今、一日の　うちの　かなしい　ときなんだ。つまり、お手紙を　まつ　時間なんだ。そうなると、いつも　ぼく、とても　ふしあわせな　気もちに　なるんだよ。」

「そりゃ、どういう　わけ。」

かえるくんが　たずねました。

「だって、ぼく、お手紙　もらった　こと　ないんだもの。」

⇦

1 かえるくんが　やって　きた　とき、がまくんは　どこで　何を　して　いましたか。

（　　　　）に　すわって、（　　　　）を　まって　いた。

2 がまくんに　とって、お手紙を　まつ　時間は、どんな　ときですか。

がまくんの　ことばに　ちゅうもくしよう。

一日の　うちの（　　　　）とき。

3 よく出る●「ふしあわせな　気もち」に　ついて　答えましょう。

(1)「ふしあわせな　気もち」とは、どんな　気もちですか。（一つに　○を　つけましょう。）

⇦

ことばの　いみ　プラス
12行　わけ…りゆう。じじょう。　18行　たずねる…分からない　ことを　あいてに　聞く。
23行　空っぽ…中に　何も　ない　こと。　27行　こしを　下ろす…すわる。

pp.53-57, pp.61-64, 350 words from Frog and Toad Are Friends by Arnold Lobel - Illustrated By: Arnold Lobel.
TEXT COPYRIGHT (C) 1970 ARNOLD LOBEL. Illustrations copyright (c) 1970 Arnold Lobel.
Used by permission of HarperCollins Publishers through Japan UNI Agency, Inc., Tokyo

がまくんが　言いました。

「一度《ど》もかい。」

かえるくんが　たずねました。

「ああ。一度も。」

がまくんが　言いました。

「だれも、ぼくに　お手紙なんか　くれた　ことが　ないんだ。毎日、ぼくの　ゆうびんうけは、空っぽさ。お手紙を　まって　いる　ときが　かなしいのは　その　ためなのさ。」

二人とも　かなしい　気分で、げんかんの　前に　こしを　下ろして　いました。

すると、かえるくんが　言いました。

「ぼく、もう　家へ　帰らなくっちゃ、がまくん。しなくちゃ　いけない　ことが　あるんだ。」

かえるくんは、大いそぎで　家へ　帰りました。えんぴつと　紙を　見つけました。紙に　何か　書きました。紙を　ふうとうに　入れました。ふうとうに　こう　書きました。


「がまがえるくんへ」

〈アーノルド・ローベル　文　みき　たく　やく「お手紙」に　よる〉

ア（　）しあわせでは　ない　気もち。

イ（　）しあわせで　いっぱいな　気もち。

ウ（　）少し　しあわせな　気もち。

(2) がまくんが、ふしあわせな　気もちに　なるのは、なぜですか。

一度も（　　）を、（　　）ことが　ないから。

4 「かなしい　気分」と　ありますが、かえるくんは　どんな　ことが　かなしいのですか。

ア（　）がまくんが　あそんで　くれない　こと。

イ（　）がまくんが　お手紙を　くれない　こと。

ウ（　）がまくんが　かなしそうな　こと。

5 かえるくんは、何を　する　ために、大いそぎで　家へ　帰ったのですか。

（　　）に　出す　（　　）を　書く　ため。

ものしりメモ
かたつむりは、りくに　すんで　いるけれど、貝の　なかまなんだ。地いきに　よって、「でんでんむし」「まいまい」など、いろいろな　よび名が　あるんだよ。

まとめのテスト

お手紙

教科書 下114〜131ページ
答え 17ページ

べんきょうした日 月 日

時間20分

とく点 /100点

おわったら シールを はろう

文しょうを 読んで、答えましょう。

かえるくんは、まどから のぞきました。

かたつむりくんは、まだ やってきません。

「かえるくん、どうして きみ、ずっと まどの 外を 見て いるの。」

がまくんが たずねました。

「だって、今、ぼく、お手紙を まって いるんだもの。」

かえるくんが 言いました。

「でも、来やしないよ。」

がまくんが 言いました。

「きっと 来るよ。」

かえるくんが 言いました。

「だって、ぼくが、きみに お手紙 出したんだもの。」

「きみが。」

がまくんが 言いました。

1 かえるくんが、ずっと まどから 外を 見て いるのは、なぜですか。（一つに ○を つけましょう。）〔10点〕

ア（　）だれかの お手紙が とどいたら、がまくんに すぐに 教えて あげたいから。

イ（　）かたつむりくんが お手紙を もって くるのを まって いるから。

ウ（　）かたつむりくんが あそびに 来るのを まって いるから。

2 よく出る 「ぼくが、きみに お手紙 出した」と ありますが、だれが だれに 書いた 手紙ですか。 一つ10〔20点〕

だれが（　　　　）

だれに（　　　　）

3 「とても いい お手紙だ。」と 言った ときの、がまくんの 気もちを えらびましょう。〔10点〕

ことばのいみ プラス
9行 来やしない…来る わけが ない。
19行 親愛《あい》なる…親しみや あいじょうを かんじて いる。

「お手紙に　何て　書いたの。」

かえるくんが　言いました。

「ぼくは、こう　書いたんだ。

『親愛《あい》なる　がまがえるくん。ぼくは、きみが　ぼくの　親友で　ある　ことを　うれしく　思って　います。きみの　親友、かえる。』」

「ああ。」

がまくんが　言いました。

「とても　いい　お手紙だ。」

それから、二人は、げんかんに　出て、お手紙の　来るのを　まって　いました。

二人とも、とても　しあわせな　気もちで、そこに　すわって　いました。

長い　こと　まって　いました。

四日　たって、かたつむりくんが、がまくんの　家に　つきました。そして、かえるくんからの　お手紙を、がまくんに　わたしました。

お手紙を　もらって、がまくんは　とても　よろこびました。

〈アーノルド・ローベル　文　みき　たく　やく「お手紙」に　よる〉

ア（　）かなり　がっかりして　いる。

イ（　）とても　うれしく　かんじて　いる。

ウ（　）少し　ふしぎに　思って　いる。

4　お手紙を　まって　いる　間、がまくんと　かえるくんは　どんな　気もちでしたか。〔10点〕

（　　　　　　　　）

5　かたつむりくんは、お手紙を　とどけるのに、何日　かかりましたか。〔10点〕

（　　　）日

6　お手紙を　もらった　がまくんは、どんな　ようすでしたか。〔10点〕

（　　　　　　　　）ようす。

チャレンジ！

7　お手紙を　もらった　がまくんは、どんな　ことに　気が　ついたと　思いますか。〔一つ15〔30点〕〕

自分に　とって（　　　　）は、
とても　だいじな（　　　　）だと　いう　こと。

ものしりメモ
紙が　作られる　前は、木の　ふだに　すみで　字を　書いて　いて、手紙も　それを　つかって　いたんだって。木を　けずって　何度《なんど》か　つかえる　点が、べんりだったそうだよ。

きほんのワーク

にた いみの ことば
ことばの アルバム

教科書 下132〜137ページ
答え 17ページ

べんきょうした日　月　日

もくひょう
●にた いみの ことばを あつめて、おぼえよう。
●文しょうの よい ところを 見つけよう。

かん字れんしゅうノート28ページ

おわったら シールを はろう

新しい かん字

教科書132ページ

星《ほし》　9画

ひつじゅん 1 2 3 4 5

◀れんしゅうしましょう。

1 かん字の 読み　読みがなを 書きましょう。

○新しい かん字　●読みかえの かん字　◆とくべつな 読み方

① 今夜は 雨だ。（　　）
② 星が 見える。（　　）
③ 雪原が 広がる。（　　）
④ 赤い 風船。（　　）
⑤ 朝食は パンだ。（　　）
⑥ 昼食の 時間。（　　）
⑦ 三色の おだんご。（　　）

⑤⑥「食」と ⑦「色」は、読み方が 同じだね。

2 かん字の 書き　かん字を 書きましょう。

① 夜空に □《ほし》 が 光る。

3 にた いみの ことば

——の ことばと にた いみの ことばに、○を つけましょう。

① うつくしい 花。
（　）ア かわいい
（　）イ おとなしい
（　）ウ きれいな

② 楽しい 時を すごす。
（　）ア 時間
（　）イ 一日
（　）ウ できごと

③ みずうみを ながめる。
（　）ア わたる
（　）イ 見る
（　）ウ ながれる

4 つぎの ――と にた いみの ことばを、[　]から えらんで 書きましょう。

❶ かきを たくさん 食べる。（　　）

❷ 白い 車が 通る。（　　）

❸ 出かける したくを する。（　　）

❹ つかれたので 早めに ねる。（　　）

❺ りっぱな 家が できた。（　　）

❻ 思いやりの ある 人だ。（　　）

じゅんび	じどうしゃ	みごとな
ねむる	多く	やさしい

❻「思いやりの ある」に にた ことばには、「親切な」「気が きく」「あたたかみの ある」なども あるね。場めんに おうじて つかおう。

ことばの アルバム

5 つぎの 上田《うえだ》さんの 文しょうを 読んで、もんだいに 答えましょう。

わたしは、二年生で、読書をがんばりました。二年生のさいしょにならった「どくしょ記ろく」をつけるのが、とても楽しいと思ったからです。

さいしょは、ものがたりの本ばかりを読んでいました。でも、「しょくぶつのふしぎ」という本を読んでからは、ものがたりいがいの本も……

1 上田さんの 文しょうの よい ところは、はじめに 何を 書いて いる ところですか。

（一つに ○を つけましょう。）

ア（　）読書を がんばった わけ。

イ（　）読書を がんばる ための もくひょう。

ウ（　）読書を すきな わけ。

2 友だちの 書いた 文しょうの よい ところを 見つける とき、どんな ところに ちゅうもくすると よいですか。

ア（　）よく つたわらない ところ。

イ（　）分かりやすい ところ。

ウ（　）せつ明を はぶいた ところ。

ものしりメモ

「がんばる」と にた いみの ことばには、「どりょくする」「はげむ」などが あるね。「読書を がんばりました。」は、「読書に はげみました。」とも いえるよ。

まとめのテスト

おちば

教科書 下 140～147ページ
答え 18ページ
時間 20分
とく点 /100点
べんきょうした日 月 日
おわったら シールを はろう

1 文しょうを　読んで、答えましょう。

十月。

木《こ》のはは　みんな　ちって　しまい、地《じ》めんに　つもりました。

「ぼく、がまくんちへ　行《い》こうっと。にわの　しばふの　おちばを　かきあつめて　あげよう。がまくん、おどろくだろうなあ。」

と、かえるくんが　言《い》いました。

かえるくんは、ものおきから　くま手を　とり出しました。

がまくんは、まどから　顔《かお》を　出しました。

「どこもかも　おちばだらけだよ。」

と、がまくんは　言って、もの入れから　くま手を　とり出しました。

「ぼく、かえるくんちへ　行こう。おちばを

1 よく出る　「ぼく、がまくんちへ　行こうっと。」と　ありますが、かえるくんは　何を　しに　行くのですか。　一つ5〔10点〕

がまくんの　家の（　　　）の　しばふに　つもった（　　　）を　かきあつめに　行く。

2 「もの入れから　くま手を　とり出しました」に　ついて　答えましょう。

(1) がまくんが　くま手を　とり出したのは、何の　ためですか。（一つに　○を　つけましょう。）〔10点〕

ア（　）自分の　家の　にわで　つかう　ため。
イ（　）かえるくんの　家の　にわで　つかう　ため。
ウ（　）かえるくんに　かして　あげる　ため。

(2) よく出る　くま手を　とり出した　後、がまくんは　かえるくんの　気もちを、どのように　そうぞうして　いますか。〔10点〕

ことばのいみ プラス
11行　どこもかも…どこもかしこも。ぜんたいに　広がって　いる　ようす。
25行　おちばかき…おちばを　一つの　ところに　かきあつめる　こと。

text selection titled: "The Surprise" from pages 42-46 & 50-53 from Frog and Toad All Year by Arnold Lobel - Illustrated By: Arnold Lobel.
COPYRIGHT (C) 1976 BY ARNOLD LOBEL. ILLUSTRATIONS COPYRIGHT (C) 1976 BY ARNOLD LOBEL.
Used by permission of HarperCollins Publishers through Japan UNI Agency, Inc., Tokyo

かきあつめて　やるんだ。かえるくん、
とても　よろこぶだろうなあ。」

かえるくんは、森を　かけて　いったので、
がまくんと　会《あ》いませんでした。

がまくんは、ふかい　草原《はら》を　かけて
いったので、かえるくんと　会いませんでした。

かえるくんは、がまくんの　うちに
つきました。

まどから　のぞきこみました。
「よおし。がまくん　いないぞ。だれが
おちばかき　したか　ぜったいに
分《わ》からないよ。」
と、言いました。

〈アーノルド・ローベル　文　みきたく　やく「おちば」に　よる〉

3 かえるくんと　がまくんが、道で
会わなかったのは、なぜですか。　一つ10〔20点〕

かえるくんは　（　　　　）　いって、

がまくんは　（　　　　）

から。

チャレンジ!

4 「よおし。」と　かえるくんが　言ったのは、
なぜですか。　一つ10〔20点〕

だれが　（　　　　）を　したのか、
がまくんは　ぜったいに　分からないから、
きれいな　にわを　見て、がまくんは、
（　　　　）
と　思ったから。

ものしりメモ　くま手は、竹を　まげて　くまの　手のような　形に　作った　どうぐだよ。しあわせを　かきあつめる　いみを　こめた、かざりの　ついた　くま手も　あるよ。

2 文しょうを 読んで、答えましょう。

風《かぜ》です。地《じ》めんを ふきまくりました。
かえるくんの 作《つく》った はっぱの 山は、風に まい、ちりぢりに なって しまいました。
がまくんの 作った はっぱの 山は、風に まい、ちりぢりに なって しまいました。
うちに 帰《かえ》った かえるくんは 言《い》いました。
「ぼくんちの しばふ、はっぱだらけだなあ。あしたは ぼくんちの おちばかきを するよ。それにしても、がまくん、びっくりして いるだろうなあ。」
うちに 帰った がまくんは 言いました。
「ぼくんちの はっぱの ちらかった にわ、あしたは 何《なん》とか して、すっかり きれいに するよ。それにしても、きっと かえるくん、びっくりして いるだろうなあ。」
その ばん、明《あ》かりを けして、それぞれが おふとんに 入った とき、かえるくんも がまくんも しあわせでした。

〈アーノルド・ローベル 文 みき たく やく「おちば」に よる〉

1

(1) 「風です。」に ついて 答えましょう。

よく出る● この「風」は、かえるくんの 家の しばふや、がまくんの 家の にわを どうしましたか。 一つ5〔10点〕

また、（　　　　）だらけの
（　　　　）にわに して しまった。

(2) あいての 家の にわが、(1)のように なった ことを、かえるくんや がまくんは 知って いますか。 〔10点〕

ア（　）二人とも 知らない。
イ（　）二人とも 知って いる。
ウ（　）かえるくんだけが 知って いる。

チャレンジ!

2 かえるくんと がまくんは、どんな ところが 同じですか。 〔10点〕

ア（　）友だちに びっくりさせられて、つかれて いる。
イ（　）友だちの ために がんばって、しあわせで ある。
ウ（　）自分の わがままで、しっぱいして いる。

ことばの いみ プラス
3行 まう…空中を ひらひらと とぶ。
3行 ちりぢり…まとまって いた ものが、ばらばらに なる ようす。

教科書ワーク

答えとてびき

「答えとてびき」は、とりはずすことができます。

東京書籍版

国語 2年

使い方

まちがえた問題は、もういちどよく読んで、なぜまちがえたのかを考えましょう。正しい答えを知るだけでなく、なぜそうなるかを考えることが大切です。

たけのこ ぐん

2・3ページ きほんのワーク

1 ぐん

2 (1) たけのこ (2) ウ

3 あさの おほしさん

4 ア

てびき

2 「せのびして／つちを わったよ」は、たけのこが成長して、土から頭を出した様子を表しています。

4 「ぐん」は、たけのこが勢いよくのびる様子を表しています。土を割ってのびていくたけのこからは、「力づよい」感じが伝わってきます。

風の ゆうびんやさん

4・5ページ きほんのワーク

❶ ❶かぜ ❷げんき ❸よ ❹い ❺こ ❻ひか ❼はなし ❽まる

❷ ❶風 ❷光 ❸話・音読 ❹元気・声

❸ ❶いそいそと ❷すいすい

❹ （じゅんに） はなし・はな

ないようをつかもう！

（じゅんに） (1)→4→2→3

6・7ページ れんしゅうのワーク

1 じてん車・手がみ

2 ウ

3 (1) パーティー (2) イ

4 ひっこして・元気に

てびき

1 風のゆうびんやさんは、「風の じてん車に のって やってきます」とあります。ゆうびんやさんは、あげはちょうに「手がみ」を、おじいさん犬には「はがき」を届けます。ゆうびんやさんが配達する様子をとらえましょう。

2 「すいすい」は、かろやかに進む様子を表しています。ゆうびんやさんは、口笛をふいて、配達を楽しみながらすいすいと進んでいるのです。

3 (1) あげはちょうは、手紙を見て、「パーティーの しょうたいじょうですって。」と喜び、「ぜひ いかなくちゃ。」と言っています。

(2) 「いそいそと」は、楽しみで心がはずむ様子を表します。

4 おじいさん犬は、となり町にひっこしていったまごたちからもらったはがきを読み、「みんな　元気に　くらして　います、か。」と言っています。「か」の前までが、はがきに書かれている内容です。これを知って、おじいさん犬は、「よかった、よかった。」と安心しています。

かん字を　つかおう1　ほか

8・9ページ　きほんのワーク

❶ ①か　②ちゅう
③いちにちじゅう　④あ
⑤ひかり　⑥にっこう
⑦おがわ　⑧じょうげ
⑨のぼ　⑩い

❷ ①分　②記

❸ ①竹・入

❹ ①ア　②イ　③イ

❺ （じゅんじょ　なし）たぽんぽ・ぽぽんた
ぽんたぽ・ぽたぽん

てびき

❹ 図書館の本がどのように分類されているのか、規則を覚えましょう。

❺ 飛んでいくたんぽぽの一つ一つに呼びかけている詩です。たんぽぽの名前は、「おうい」で始まる四行に書かれています。どれも「たんぽぽ」の音を組み合わせています。音読して、音の楽しさを味わいましょう。

かん字の　書き方　はたらく　人に　話を　聞こう

10・11ページ　きほんのワーク

❶ ①か・かた　②つく
③てん・せん　④かくすう

❷ ①何・聞　②作・考

❸ ①イ　②ア　③イ

❹ ①花　②出　③水

❺ ①ア
②どの　本が　どこに　あるかを
おぼえる（ことです。）

てびき

❸ 漢字の筆順には、「上から下へ書く」「左から右へ書く」という原則があります。この原則を意識することで、漢字の筆順が身に付きやすくなります。

❺ ①「図書室の先生はどんなことをしているのか」を聞くためには、どの質問がふさわしいか考えます。

②上田さんの「たいへんな　ことは　何ですか。」という質問に対する答えの中で、中心となる内容は「どの　本が　どこに　あるかを　おぼえる　こと」です。質問に対応した答えを読み取りましょう。

風の　ゆうびんやさん　ほか

12・13ページ　まとめのテスト

1
1 (1) ゆうびんやさん・ベル
(2) イ
2 (1)（お）ひるね（中）
(2) ウ
3 イ
4 [れい]やさしい

2 ①15　②8　③4　④10

3 ①右　②左　③上　④車　⑤耳

てびき

1
1 (1) すぐ後の文に、「じてん車の　ベルを　ならして、ゆうびんやさんは……」とあります。このように、音を表す言葉を先に出して、読み手の興味を引いたり、印象を強めたりする方法があります。

(2) 元気よく配達するゆうびんやさんの様子が伝わるように、かろやかな感じで読みましょう。

2 (1) ゆうびんやさんは、くもの様子を見て「おや、くもさんは、おひるね中だ。」と言っています。

(2) ゆうびんやさんが、「くもの　すの　はしっこ」に、ていねいにはさんだものは、どんなものだったかを、読み取ります。

3 文章の最後、「風の ゆうびんやさんは、口ぶえを ふきながら、元気よく はしって いきます。」から、はりきって、手紙をたくさん配達している様子が分かります。

4 おひるね中のくもを起こさず、目をさましたらすぐふうとうに気がつくようにと思いやっている点から、やさしい人だと分かります。ほかに「明るい」「元気な」「まじめな」「はいたつが すきな」などでも正解です。

❷ 折れる画を、二画に数えないよう注意しましょう。❶「線」の一画め、❷「画」の七画めの画数は、二ではなく一です。❹「記」の右側は「㇕ コ 己」と三画で書くので、気をつけましょう。❸「方」は、「亠」を先に書きます。

❸ 「右」「左」「上」「車」「耳」は、筆順をまちがえやすい漢字です。一つずつ覚えていきましょう。

たんぽぽ

14・15ページ きほんのワーク

❶ ❶よる・あいだ ❷かぞ ❸おお ❹すく ❺げ ❻あ ❼じかん ❽とき ❾せいかつか

❷ ❶毛 ❷当 ❸生活科

❸ ❶多い・少ない

❹ イ→ア→ウ

❺ ❶ウ ❷イ ❸ア

ないようをつかもう！

（じゅんに）3→1→2

16・17ページ れんしゅうのワーク

1 ア○ イ△ ウ○

2 小さな 花の あつまり（。）

3 イ

4 (1)ひくく たおれて いる（。）
(2)たかく のびる

5 ❶たね・め ❷ね・そだって

てびき

1 最初の段落に注目しましょう。「はるの はれた 日」に花がさき、「夕方 日が かげると」、とじます。夜の間はとじていて、「つぎの 日、日が さして くると」、また花がひらきます。

2 たんぽぽは「一つの 花」のように見えますが、「小さな 花の あつまり」です。「数えて みたら、百八十も ありました」とあります。たくさんあるこれらの小さな花に、それぞれ一つずつ実ができるので、たんぽぽは、どんどんたねを増やすことができるのです。

3 11～13行目に「小さな 花に、みが 一つずつ できるように なって います。」と書かれています。

4 たんぽぽの実が熟すまで、くきは「ひくく たおれて います」とあります。その後で実が熟してたねができると、くきは「おき上がって、たかく のびます」となるのです。

5 わた毛の一本一本が風にとばされていき、土の上に落ちます。その後、そのわた毛についているたねが芽を出し、根を張る、という流れをしっかりおさえましょう。

かん字を つかおう2 ほか

18・19ページ きほんのワーク

❶ ❶らいげつ・く ❷もじ（もんじ） ❸しょうがつ ❹せいもん ❺じょし・だんし ❻にんげん ❼まわ ❽なまえ ❾ひとり・ふたり ❿おとな

❷ ❶高 ❷黄色 ❸外国・地名

❸ ❶学校・先生

❹ ア

❺ ❶地名 ❷外国 ❸なき声

てびき

❹ きゅうりのはっぱについて、「7まい ありました」と数を書いています。また、「みどり色で、白い 毛が 生えて います」と、色についても書いています。

20・21ページ まとめのテスト

1 1 わた毛・風
2 （かるくて）ふわふわ・たね
3 （右から じゅんに）
（1）→2→6→3→5→7→4→（8）

2 ❶ア く イ き ウ こ
❷ア ぶん イ もじ（もんじ）
❸ア しょうがつ イ せいもん
❹ア じかん イ にんげん

3 ❶テレビ ❷ガシャン
❸アメリカ ❹シンデレラ

てびき

1 1 後の部分の6～8行目に「たかく のびた くきの 上の わた毛には、風が よく 当たります。」とあります。
2 かるくてふわふわしているわた毛は、風にのって遠くへ行き、土に落ちるとわた毛についているたねが芽を出し、そこで根をはって育っていくのです。
3 「花がしぼむと、」から後の部分を、たんぽぽの変化に着目して、ていねいにおさえましょう。

2 複数の読みを持つ漢字は、熟語の形で覚えるとよいでしょう。❶「来る／来た／来ない」は、漢字の下につく言葉で読み方が変わります。

3 ❶「テレビ」は外国から来た言葉、❷「ガシャン」はものの音なので、かたかなで書きます。

名前を 見て ちょうだい

22・23ページ きほんのワーク

1 ❶ほう ❷あたま
❸こた ❹ほんとう
❺みお ❻ま
❼げ ❽くうき
❾ふう ❿もと

2 ❶野原 ❷牛
❸場 ❹会
❺思

3 ❶ア ❷ア ❸イ ❹ア ❺イ ❻ア

ないようをつかもう！
❶イ・㋒ ❷ウ・㋐ ❸ア・㋑

24・25ページ れんしゅうのワーク❶

1 赤・リボン
2 ア
3 名前
4 こがね色の はたけ（の 方）。
5 きつね…のはら こんきち
牛…はたなか もうこ
6 ウ

てびき

2 風に飛ばされた自分のぼうしをさがしていたえっちゃんは、赤いぼうしをかぶったきつねに出会い、次に牛に出会います。えっちゃんから、ぼうしをぬいで名前を確かめるように言われたきつねや牛は、仕方なくぼうしをぬぎます。「しぶしぶ」は、気が進まず、いやいやながらする様子を表します。
3 きつねは、ぼうしをぬいで、自分の名前のところをえっちゃんに見せました。えっちゃんは、自分のぼうしのはずなのにおかしいと思って、もう一度名前のところを確かめようとしたのです。
4 強い風はぼうしをさらい、「ぼうしは、リボンを ひらひらさせながら、こがね色の はたけの 方へ とんで いきます。」（13～14行目）とあります。えっちゃんたちは、そこでぼうしをかぶった牛に会いました。
6 えっちゃんも、きつねも、自分のぼうしだと思っているので、そのぼうしに牛の名前があったことにびっくりして、不思議だなと思っています。

26・27ページ れんしゅうのワーク❷

1 （じゅんじょ なし）えっちゃん・きつね・牛・大男
2 見て（ちょうだい）
3 ❶あとずさり ❷風
4 イ

5 イ・エ

てびき

1 えっちゃんと、きつねと、牛が、大男のところへ来た場面です。

2 えっちゃんは、自分のぼうしを取り返すために「名前を　見て　ちょうだい。」と言いましたが、大男はぼうしを食べてしまうことで、名前を確認できないようにしたのです。

3 「したなめずり」は、舌でくちびるをなめ回すことで、おいしそうなものを見たときなどの動作です。大男は、「もっと　何か　たべたいなあ。」と言いながら、えっちゃんたちを見て舌なめずりをしたので、牛ときつねはこわくなってにげだしたのです。

4 えっちゃんは「あたしは　かえらないわ。だって、あたしの　ぼうしだもん。」と言っています。絶対にぼうしを返してもらうという決意をかためて、「むねを　はって」、「きりりと」大男を見上げたのです。

5 えっちゃんの体から湯気が出ると、体は「ぐわあんと　大きく」なりました。また、えっちゃんは「あたし、おこって　いるから、あついわよ。」と言っています。熱いから湯気が出てきたのです。

28・29ページ　きほんのワーク
かん字を　つかおう3　こんな　ことを　して　いるよ　ほか

---

1 ❶かいしゃ・けんがく　❷おや　❸あか　❹じぶん・いえ

2 ❶友　❷計算　❸組

3 ❶ア　❷ウ　❸イ

4 ウ

5 おとうとに「ももたろう」の話をしたら、「おもしろかった。」と言っていました。

てびき

4 丸（。）は文の終わりに、点（、）は文の中の切れ目に打ちます。丸（。）や点（、）は、ますの右上に書くようにしましょう。

5 話した言葉を書くときは、行をかえてかぎ（「」）をつけて書きます。また、本の題名や作品名を書くときにも、かぎ（「」）をつけます。言葉の終わりの丸とかぎ（。」）は同じますの中に書いて、丸（。）は右上に、かぎ（」）は左上に書きます。

30・31ページ　まとめのテスト
名前を　見て　ちょうだい　ほか

1

1 (1) イ

(2) れい 口の　中に　入れました

〈または たべて　しまった〉

2 ウ

3 おこって　いる

4 （じゅんじょ　なし）

・大男と　おなじ　大きさ（に　なって　しまいました。）

・たたみのような　手のひら

2

きのう、せんたくものをたたみました。おとうさんが、「きれいにたためたね。」と言って、わらいました。

てびき

1

1 (1) ぼうしには、見ればもちぬしが分かるように、名前があるのです。えっちゃんときつねと牛は、それぞれが、大男がもっているぼうしは「自分のぼうしだ」と主張して、名前を確かめるように言っています。

2 ぼうしを食べてしまった大男は、「もっと　何か　たべたいなあ。」と言って、舌なめずりをして見下ろしました。牛もきつねも、食べられては大変だ、と思って、にげたのです。「いそがしくて、いそがしくて。」は、にげ出す言い訳です。本当に用事があるわけではないので、イはまちがいです。

3 えっちゃんが大男に向かって言っている言葉に、「あたし、おこって　いるから、あついわよ。」とあります。湯気が出ているのも、おこっているからだと分かります。

4 えっちゃんの体は一度大きくなった後、さらに大きくなります。その大きさは、「大男と　おなじ　大きさ」「たたみのような手のひら」から読み取れます。

どうぶつ園の かんばんと ガイドブック きせつの足音――なつ ほか

32・33ページ きほんのワーク

❶ ❶えん ❷し ❸からだ ❹そうげん ❺しんりん ❻さ

❷ ❶長 ❷太 ❸肉 ❹同

❸ ア

❹ ❶ほとんど ❷じゆうじざいに ❸もっと

ないようをつかもう！

①アかんばん イガイドブック

②アかんばん イガイドブック

てびき

❸ 「もっとも大きい」は、「いちばん大きい」という意味です。

❹ ❷「じゆうじざいに」は、「思いのままに操る様子」という意味です。❸「もっと」の後には「くわしく」や「大きく」などのように、様子を表す言葉が続きます。

ないようをつかもう！ 動物園の「かんばん」と、「ガイドブック」の文章の特ちょうと役わりのちがいを考えましょう。

「かんばん」の文章は、動物を見ているときに読むので、短くまとめられています。「ガイドブック」は、もっとくわしく知るために読むので、説明の文章が長く、くわしく書かれています。

どうぶつ園の かんばんと ガイドブック

34・35ページ れんしゅうのワーク

1 アフリカゾウ

2 ウ

3 ㋐アフリカ ㋑アフリカの 草原や 森林

4 ウ

5 ア

6 ㋐2 ㋑1

てびき

1 「かんばん」と「ガイドブック」のどちらも、「アフリカゾウ」について説明しています。

2 説明の文章を読むときに、見出しに注目すると、内容が分かりやすくなります。

3 「かんばん」に比べて、「ガイドブック」では、「アフリカの 草原や 森林に すんでいます。」と、よりくわしく説明しています。

4 「体の 大きさ」の二つの文章を読み比べると、「ガイドブック」の最初の一文が、「かんばん」には書かれていないと分かります。

5 体の特ちょうを述べたうえで、「あしは、……太く なって います。」と、太いあしの役割についてさらにくわしく述べています。

6 「かんばん」の説明は短く、「ガイドブック」の説明は長くてくわしいのが特ちょうです。また、「ガイドブック」は「……ます。」「……です。」というていねいな言い方になっていることにも注目しましょう。

36・37ページ まとめのテスト

1 ❶アフリカ ❷草原や 森林

2 ウ

3 おきて いる 時間

4 しぼうで できた クッション 〈または しぼうの クッション〉

5 ア△ イ△ ウ○

てびき

1 共通の見出しごとに二つの文章を比べて、ちがいを確かめましょう。

2 「ガイドブック」には「りくに すんでいる どうぶつの 中で、もっとも 大きい どうぶつ」と書かれているので、「長さ」や「おもさ」ではなく、「体の 大きさ」です。

3 「ガイドブック」には、「たべものは、しょくぶつです。」というまとめの文と、「一日のうち、……いわれて います。」という文が加わっています。

4 直前に「その クッションが ある ため」、

あし音がほとんどしないと書かれています。そのクッションとは、ゾウの「かかとの　中」にある「しぼうで　できた　クッション」です。

5　動物園の「かんばん」は、そこで展示されている動物について、要点を簡潔に伝えるためのものです。「ガイドブック」は、くわしく知りたい人が読むためのものなので、説明や補足情報が多いのです。

いろんな　おとの　あめ／空に　ぐうんと　手を　のばせ

38・39ページ　きほんのワーク

1　（じゅんじょ　なし）
ぴとん・ぱちん・
ぱらん・ぷちん・
ぽとん・ぴこん・
しゅるん・ぴたん・
しとん・とてん

2　（しょうりゃく）

3　おひさま

4　れい（でっかい）くじらを　つかまえるため。

5　イ

6　（しょうりゃく）

てびき

1　全部書いたら、同じ雨の音を二度書いていないかを確かめましょう。

3～5　この詩は、三つの連《れん》（まとまり）からできていて、それぞれの連の後半に「どうする」に当たる内容が書かれています。第一連では「でっかい　おひさま／つかまえろ」、第二連では「でっかい　くじらを／つかまえろ」、第三連では「ぐるっと／地球を／かかえちゃえ」と、作者が呼びかけています。

そして、そのためには「どうすればよいか」が、それぞれの連の前半に示されています。第一連では「空に　ぐうんと　手を　のばせ……かきわけて」、第二連では「海に　ぐうんと　手を　のばせ……かきわけて」、第三連では「横に　ぐうんと　手を　のばせ……手を　つなげ」が、「どうすればよいか」に当たります。

みんなで　話し合おう

40・41ページ　きほんのワーク

❶　❶あ　❷だい
❸たの　❹ゆき

❷　❶楽　❷雪

❸　❶どの　❷どんな　❸どうして

❹　1　「くまの子ウーフ」

2　ウーフと　同じように　森に　すんだら、楽しそうだと　思ったからです。

3　イ

4　ア・イ

てびき

❹　1　林《はやし》さんに質問された原《はら》さんは、「『くまの子ウーフ』の　せかいに　行って　みたい」と答えています。

2　「どうして」と理由を聞かれているので、「～からです。」という形で答えます。

3　田中《たなか》さんの質問を受けて、原さんが「いっしょに　森を　ぼうけんしたい」と答えていることから考えます。

4　林さんは「ぼうけんしたら　楽しそうですね。」と感想を述べています。この林さんの感想に対して、田中さんが「そうですね。」とあいづちを打っています。感想やあいづちは、相手の言葉を受け止めて話をつなぐために大切なものです。

ニャーゴ

42・43ページ　きほんのワーク

❶　❶かお　❷た
❸すこ・ある　❹きょう
❺いっしょう・はし　❻と
❼く　❽た

❷　❶顔　❷食
❸歩　❹走
❺止　❻弟・妹

❸　❶すこ　❷すく　❸く　❹た

❹ **ないようをつかもう！** ❶ア ❷イ ❸イ
ア× イ○ ウ○

44・45ページ れんしゅうのワーク

1 (1) ぴん・ふり上げて
(2) ウ
2 ア
3 れい 食べて しまおう。
4 (1) せなか・走って
(2) ア

てびき

1 (2) 三びきの子ねずみが言った言葉に注目しましょう。「この　おじさん　だれだあ。」(8行目)、「おじさん、だあれ。」(11行目)から、三びきは、ねこのことを知らないことが読み取れます。また、もう一度ねこに面と向かって「おじさん、だあれ。」(15行目)と元気よく聞いている様子から、ア「ねこをこわがって　いる」は、正しくないことが分かります。子ねずみたちは、ねこにつかまったら食べられてしまうことを知らないので、こわがっていないのです。なぜ知らないのかは、お話の最初の部分に書いてあるので、確かめておきましょう。

2 子ねずみに「だあれ」と聞かれて、すなおに「たまだ」と名乗ってしまって、ねこは照れくさく感じています。

3 ねこが、子ねずみたちを「どうする」つもりなのかが省略されています。35～36行目に「こいつらが　食べられなく　なるからな」とあり、子ねずみたちを食べる機会をうかがっている様子が分かります。ねこの立場で、「食べる・食う」という言葉を使って書きましょう。

4 (2) ねこは、おいしいももを子ねずみたちとりに行って、その後で子ねずみたちを食べようとたくらんでいます。ももの木の方へ走っていったのは、早くももをとり終えて、子ねずみたちを食べたいという気持ちの表れからです。

ものの　名前を　あらわす　ことば
絵を　見て　お話を　書こう　ほか

46・47ページ きほんのワーク

❶ ❶はか ❷や ❸てんさい ❹まるた ❺だい ❻ちず・ひろ
❷ ❶一万円 ❷大切 ❸外国語 ❹絵
❸ ❶女・子 ❷大・犬
❹ ❶りんご ❷ピアノ
❺ ❶れい野さい ❷れい花
❻ れいはこを　あけると　中から　ばねのしかけが　とび出しました。二人は、「わあっ。」と　さけびました。

てびき

❹ ❶は果物の仲間、❷は楽器の仲間の言葉を選びます。
❺ それぞれの言葉の上位概《がい》念語が入ります。❶は「食べもの」、❷は「しょくぶつ」などでも正解です。
❻ ❸の場面に合わせて、あひるとうさぎがしていることや言っていることを考えて書くことができていれば正解です。

ニャーゴ

48・49ページ まとめのテスト

1 (1) (できるだけ)　こわい　顔(。)
(2) おまえたちを　食って　やる(。)
2 (1) さよなら
(2) ア
(3) こんにちは
3 四ひき・子ども・(おみやげの　ももが)　一つじゃ　足りない
4 イ

てびき

1 (1) すぐ後に「できるだけ　こわい　顔で」とあります。
(2) ねこは、こわい顔でさけんだ後、子ねずみたちに向かって「おまえたちを　食って　やる。」と言って、三びきを次々に食べてしまおうと思っていたのですが、7～8行目に「と　言おうと　した　その　ときです」とあり、まだこの言葉を言っていないことが読み取れます。

2 (1) ねこの「ニャーゴ」にこたえるように、三びきは「ニャーゴ」とさけびました。そして、その後にねこにはじめて会ったときのことを言っている内容から、子ねずみは「ニャーゴ」をあいさつの言葉だと思っていることが分かります。16～17行目の「そして、今のニャーゴが　さよならなんでしょ。」と言った子ねずみの言葉から、ここでは「さよなら」のつもりだと分かります。

3 三びきが次々に、ねこに自分のももを「あげる」と言っているのは、その前のやりとりで、ねこの家には子どもが四ひきいると知ったからです。おみやげのももが「一つじゃ足りないよね」(30行目)と言って、自分たちの分も差し出したのです。

4 ねこがこわい顔で「ニャーゴ」とさけんでも、少しもこわがらずに、あいさつの言葉だと信じる子ねずみは、純すいな心を持ったかわいい存在です。また、ねこの子どもたちのために、自分の妹や弟のおみやげのももを差し出す、やさしい心の持ち主です。おかげで、ねこはすっかり調子がくるってしまい、とても子ねずみを食べることなどできません。「食って　やる」と思っていた最初の気持ちがくじけてしまい、困っているねこの様子を読み取りましょう。

あまやどり

50・51ページ　きほんのワーク

1 ゆうだち　はれちゃった

2 ウ

3 かさ

4 大きな　木の　かさ
きみの　かさ
ぼくの　かさ
の　したで

てびき

1 この詩は、第一連（一つ目のまとまり）が「あまやどり」をする前、第二連が「あまやどり」をした後をえがいています。第一連と第二連では、似たような表現、同じ表現が対応する形になっています。第二連の初めの一行「ゆうだち　はれちゃった」は、第一連の初めの一行「ゆうだち　ふって　きた」と対応しています。

2 頭が雨にぬれないように、手でおおいながら、急いで大きな木にかけこんでいる「きみ」や「ぼく」の様子です。

3 「大きな　木」は「かさ」となり、「きみの　かさ」「ぼくの　かさ」になったのです。

4 第一連では、「あまやどり」をするために、急ぐ「きみ」や「ぼく」の様子、第二連では「あまやどり」を終えてほっとしている「きみ」や「ぼく」の様子をえがいています。二つの連の最後の四行（「大きな　木の　かさ……／の　したで」）は、いつも変わらず「きみ」や「ぼく」を守る「大きな　木」の様子を表しています。二つの連で、全く同じ表現が用いられていることに注目しましょう。

ビーバーの　大工事《じ》

52・53ページ　きほんのワーク

❶ ①こう　②きた　③じ　④ちか　⑤うわ　⑥だいく・き　⑦うし　⑧か　⑨ごふんかん　⑩よなか

❷ ①引　②後　③形　④内

❸ ①うえ　②て　③じょうず

❹ ①まるで　②けっして　③やがて

ないようをつかもう！

ア×　イ×　ウ○　エ○

てびき

❹ ①② 「まるで」の後には「……ようだ」、「けっして」の後には「……ない」のように、後に来る言葉が決まっていることに注意しましょう。

54・55ページ れんしゅうのワーク

1 ア
2 水・もぐって
3 ながれない
4 ❶小えだ ❷石 ❸どろ・かためて
5 ふつうの とき…五分間
長い とき…十五分間
6 ウ
7 （じゅんじょ なし）木・石・どろ
8 イ

てびき

2 文章の最初の部分を読みましょう。「ビーバーは、木を くわえた まま、水の 中へ もぐって いきます。」（1～3行目）とあります。
3 同じ文中の「ながれないように します」が、目的に当たります。
4 8行目「その 上に」の「その」は、「川のそこにさしこんだ木」を指しています。「その 上に」に続く内容を、順にとらえましょう。「小えだを つみ上げて」→「上から石で おもしを して」→「どろで しっかり かためて」とあります。
5 時間を表す言葉「～分間」に注目して、具体的な数字をふくめて答えましょう。
6 「そう出」とは、何かをするために、みんながそろってすることです。ここでは、ビーバーの家族がそろって、ダムを作るための仕事をすることを表しています。
7 最後の長い一文から、ダムが何でできているのかを読み取りましょう。「つみ上げられた 木と 石と どろ」が「少しずつ のびて いき」、「ダムが できあがります」と書かれています。
8 「一方の 川ぎしから はんたいがわの 川ぎしまで、少しずつ のびて いき」とあり、木や石やどろがつみ上げられたものが、川のはばいっぱいにのびている様子が読み取れます。この状態に合っているのは、イです。

「どうぶつカード」を 作ろう ほか

56・57ページ きほんのワーク

❶ ❶うみ ❷としょ ❸あたら ❹つよ
❷ ❶海 ❷新
❸ ❶図かん ❷もくじ
❹ 1カバ
2ア・ウ
❺ お月さま〈または月〉・うさぎ

てびき

❹ どの動物のどんなことを調べたいのかを決めたら、図書館で関係のある図かんなどで調べてみましょう。知りたいことと、調べて分かったことを区別して書くこと、調べた本の題名やページを書くことも大切です。

主語《しゅ》と じゅつ語

58・59ページ きほんのワーク

❶ ❶な ❷くも ❸は ❹ふね
❷ ❶雲 ❷船
❸ ❶ねこが ❷ぼくは
❹ ❶走る ❷一年生だ
❺ ❶イ ❷ウ ❸エ ❹ア
❻ ❶ア ❷ウ ❸イ
❼ ❶お日さまが とても まぶしい。
❷ぼくは 林で かぶと虫を 見つけた。
❸もぐもぐと きりんが 草を 食べる。
❹とても 大きな 声で、弟は わらった。
❺きつつきは くちばしで 木を つつきます。
そして、木の 中の 虫を 食べます。

てびき

❼ ❺同じ主語の文が続くときは、後の文で主語を書かないこともあります。

ビーバーの 大工事《じ》 主《しゅ》語と じゅつ語 ほか

60・61ページ まとめのテスト

1

1 みずうみ・まん中

2 水の 上・しま

3 ウ

4 みずうみ・ てきに おそわれない あんぜんな す

2 ❶車が ❷ながめが

3 ❶ア強 イ引 ❷ア内 イ肉

てびき

1

1 初めの二つの段落から、ビーバーの巣がどこに作られるかが読み取れます。「その みずうみの まん中に」の「その みずうみ」とは、前の文の内容を指しています。まとめると、「ダムの内がわにできたみずうみ」ということです。

2 「まるで……のよう」などのたとえる表現をさがすと、第三段落に「それは、まるで、水の 上に うかんだ しまのようです。」とあります。「それ」は、前の文の「す」を指しています。

3 「ビーバーのように、およぎの 上手な どうぶつ」以外は入れないように、入り口を水の中に作っているのです。

4 最後の段落に着目しましょう。「ビーバーが ダムを 作るのは、」に続く部分で、ビーバーがダムを作る目的が示されています。

2

❶は「どう する」、❷は「どんなだ」に当たる述語です。「何が」に当たる主語をさがしましょう。

町で 見つけた ことを 話そう ほか

62・63ページ きほんのワーク

1 ❶てんちょう ❷あさ ❸しゅう・いちば ❹みせ ❺ちゃいろ

2 ❶冬・春 ❷三角形

3 1 はじめ…ア 中…ウ おわり…イ

2 一つ目（は）／二つ目（は）

4 （じゅんじょ なし）フランス・ジャム・パン・ハム・ワンワン・トランペット

てびき

3 「はじめ」「中」「おわり」の三つの組み立てに分けて話します。特に「中」では分かったことをくわしく話すので、聞く人が分かりやすいように内容のまとまりを考えましょう。

4 「フランス」は外国の地名、「ジャム」「パン」「ハム」「トランペット」は外国から来た言葉、「ワンワン」は動物の鳴き声なので、かたかなで書きます。

なかまに なる ことば 「ありがとう」を つたえよう

64・65ページ きほんのワーク

1 ❶なつ・あき ❷みなみ・にし ❸ちち・はは ❹あに・あね ❺きょうか ❻おんがく ❼たい ❽とうざいなんぼく ❾しゅんかしゅうとう ❿きょうだい ⓫にい・ねえ ⓬かあ ⓭とう ⓮しつ

2 ❶昼 ❷手紙

3 ❶東 ❷秋 ❸姉

4 1 ❶こと ❷名前 ❸声

2 ア○ イ× ウ○

てびき

3 ❶は方角、❷は季節、❸は家族の仲間を表す言葉です。

4 2 手紙を書くときは、手紙を出す相手の名前を先に書くので、イは×です。

かさこじぞう

66・67ページ きほんのワーク

1 ❶とし ❷う ❸か ❹はず ❺みち ❻しん

❼こめ　❽うた
❾あまど　❿から
❷ ❶道・売　❷米・買
❸歌　❹戸
❸ ❶ア　❷イ　❸ア　❹ア
❹ ❶イ　❷ウ　❸ア

ないようをつかもう！

（じゅんに）4→2→3→1

68・69ページ　れんしゅうのワーク❶

1 大みそか
2 （じゅんじょ　なし）
じいさま・ばあさま
3 びんぼう・もちこ〈またはもち〉
4 かさこ〈またはかさ〉・町・
れい売りに　行く
5 五つ〈または五〉
6 イ

てびき

1・2 物語では、まず「いつ」のことかや「だれ」が出てくるのかをおさえておくと、場面の様子や展開をつかみやすくなります。

3 物語の初めの場面では、物語の「時」や「人物」などとともに、物語が始まるきっかけもとらえましょう。じいさまとばあさまは、貧《びん》乏《ぼう》な暮らしでお正月のおもちを買うことができずに困っていたのです。

4 18～19行目で、ばあさまが土間にあったすげを見て、「じいさま　じいさま、かさここさえて、町さ　売りに　行ったら、もちこ買えんかのう。」と言っています。じいさまは、ばあさまの考えに「そう　しよう。」と同意しています。

6 27～29行目の「かえりには、もちこ　買ってくるで。にんじん、ごんぼも　しょってくるでのう。」から、かさを売ってもちや野菜を買って帰るという、じいさまの前向きな気持ちが分かります。

70・71ページ　れんしゅうのワーク❷

1 イ
2 ウ
3 (1) つめたかろう（のう）〈またはつめたいだろう〉・気のどく
(2) 自分の（つぎはぎの）手ぬぐいを（とると、いちばん　しまいの　じぞうさまに）かぶせた。
(3) イ

てびき

1 じいさまが言っている言葉や様子から、気持ちをとらえましょう。「ああ、もちこももたんで……がっかりするじゃろうのう。」から、お正月のおもちも買えなかったため、ばあさまをがっかりさせてしまうと思い、じいさまはがっかりして元気がないことが分かります。また、「とんぼり　とんぼり」は、とぼとぼと元気なく歩く様子を表すので、ここからもじいさまが気を落としていることが読み取れます。

2 「おどうは　なし、木の　かげも　なし、ふきっさらしの　野っ原なもんで、じぞうさまは　かたがわだけ　雪に　うもれて　いるのでした。」（10～12行目）とあります。おどうがなく、片側だけ雪にうもれている絵のウが正解です。

3 (1) じぞうさまは、さえぎるものが何もない「ふきっさらしの　野っ原《ぱら》」にいたので、雪にうもれていました。じいさまは「おお、お気のどくにな。」と言った後、「さぞ　つめたかろうのう。」と、じぞうさまを思いやり、頭の雪をかきおとしたり、かたや背中をなでたりしています。かさをかぶせたのは、少しでも雪よけになれば、というじいさまのやさしさから出た行動です。
(2) 雪道を帰る自分にも必要な手ぬぐいを、じぞうさまのためにかぶせるほど、じいさまはやさしい人なのです。
(3) じいさまは、「これで　ええ、これで　ええ。」と満足しています。かさと手ぬぐいが少しは雪よけになり、じぞうさまが冷たい思いをせずにすむと思い、じいさまは喜んでいるのです。

かん字を　つかおう5　人が　する　ことを　あらわす　ことば　ほか

72・73ページ　きほんのワーク

❶ ❶にちようび　❷ごぜん・ごご　❸たに　❹がんせき　❺いけ

❷ ❶曜・正午　❷谷・岩　❸池

❸ ❶車　❷水

❹ ❶〔れい〕さす　❷〔れい〕行く　❸〔れい〕歌う

❺ ❶〔れい〕ぬいぐるみを　もらう　❷〔れい〕ぬいぐるみを　わたす

てびき

❹ ❷他に、「むかう」など、「ぼく」の動作を述語にした文が作れていれば正解です。

❺ 同じ絵の内容を表す文ですが、主語が変わると述語も変化することに気をつけましょう。「ぬいぐるみ」は、「プレゼント」「くま」などでも正解です。❶「もらう」は、「プレゼントされる」「うけとる」などでも正解です。❷「わたす」は、「プレゼントする」「あげる」などでも正解です。

かん字を　つかおう6　きせつの足音――冬

74・75ページ　きほんのワーク

❶ ❶とり　❷うま・くび　❸とうばん　❹ずがこうさく

❷ ❶鳥・馬

❸ ❶二　❷九　❸四人

❹ 1雪　2❶わたぼうし　❷花

❺ ❶マ・ウ　❷つ・ア　❸わ・イ

❻ ❶すんだ　❷やけた　❸ましたわ

てびき

❹ 1 「あられ」や「わたぼうし」、「かれ木」も、この詩の中では冬らしい景色を表していますが、冬らしさを表す言葉を「一字で」書くので、答えは「雪」です。

2 ❶「わたぼうし」とは、真綿で作った白いかぶりもので、花よめさんがかぶるものが有名です。白く丸い形のもので、山や野原に厚く積もった雪を、これにたとえています。❷かれ木の枝にこんもり雪が積もってきれいな様子を、「花が　さく」と表現して、「雪」を「花」にたとえています。

かさこじぞう

76・77ページ　まとめのテスト

1

1 そりを　引く　かけ声。

2 (1) かさこ〈〔または〕かさ〉・手ぬぐい・じいさま〈〔または〕じさま〉

(2) 〔れい〕かさこを　かぶった　じぞうさまと、手ぬぐいを　かぶった　じぞうさま。

3 ウ

4 〔れい〕じぞうさまの　おかげで、よいお正月に　なって、うれしいのう。ありがたいのう。

2

❶アあめ　イあま　❷アそら　イから

てびき

1 1 すぐ後に「と、そりを　引く　かけ声が　して　きました」とあります。

2 (1) そりを引きながら歌っている歌の内容に注意しましょう。

(2) 23〜25行目に「かさこを　かぶった　じぞうさまと、手ぬぐいを　かぶった　じぞうさまが」とあり、そりを引いて歌っていたのは、じいさまがかさや手ぬぐいをかぶせたじぞうさまたちだと分かります。

3 29〜33行目から、じぞうさまが置いていってくれた品物が分かります。食料品だけでなく、正月かざりの「松」などもあり、お正月をむかえるためのしたくの品々です。

4 じいさまがばあさまに、よかったと言いながら喜んでいる気持ちや、じぞうさまに感謝している気持ちが書いてあれば正解です。おもちも買えずにがっかりしていたじいさまでしたが、おじぞうさまからお正月をむかえるためのしたくの品々をもらい、そのおかげで、ばあさまと二人でよいお正月をむかえることができたのです。

むかしから　つたわる　言い方

78・79ページ　きほんのワーク

❶ ❶いっかい
❷ ❶ね　❷う　❸み　❹とり　❺い
❸ 1 三十一・（少し）みじかい〈または少ない〉
2 ❶四月　❷九月　❸十一月
❹ ゐ・ゑ
❺ ❶お　❷は　❸つ　❹あ

てびき

❸ 1 林《はやし》さんが「一月は　三十一日まで　あるのに、二月は　少し　みじかいね。」と　言い、これに対して、おばあさんは「みじかい　月の　ことを『小の　月』と　いうの。」と教えてくれています。この二人の言葉から、「小の　月」とは、どんな月のことかをまとめましょう。数字は、文に合わせて漢字で書きましょう。

2 「にしむくさむらい」のうち、「し」は「四月」（しがつ）を指し、「く」は「九月」（くがつ）を指しています。また、「さむらい」は「十一」の字の形を組み合わせると、「士（さむらい）」の字の形になることから、「十一月」を指しています。この「にしむくさむらい」という言い方を、おばあさんは「小の　月」を「おぼえる　言い方」だと教えてくれています。

❺ 「いろはかるた」は、地域や時代によって異なります。ここでは、児童にとって分かりやすい、代表的なものを出題しています。

かん字の　読み方と　おくりがな

80・81ページ　きほんのワーク

❶ ❶あと　❷そと
❸きんぎょ　❹でんしゃ
❺すいでん　❻かど
❷ ❶細
❸ 上　❶あ　❷のぼ
入　❶れる　❷い　❸はい
（❷・❸は　じゅんじょ　なし）
❹ ❶い　❷かす　❸い　❹ける
❺う　❻む　❼う　❽まれる
❾は　❿える　⓫は　⓬やす
❺ ❶明ける　❷明るい
❸止まる　❹止める
❺少ない　❻少し
❼細い　❽細かい

てびき

❸ 「上（あ）がる」は「気温が上がる」、「上（のぼ）る」は「階段を上る」のように使います。「入（い）る」は、「入り口」「気に入る」のように使います。

❺ ❶❷「明」には、他にも「明（あ）かり」「明（あか）るむ」「明（あ）くる」など、送りがながつく読みが多くあるので気をつけましょう。

あなの　やくわり

82・83ページ　きほんのワーク

❶ ❶さき　❷とお
❷ ❶通
❸ ❶イ　❷エ　❸ウ　❹ア
❹ ❶ア　❷イ　❸ア　❹ア　❺イ
❺ ウ

ないようをつかもう！
（じゅんに）ウ・エ・ア・イ

84・85ページ　れんしゅうのワーク

1 ❶五十円玉
❷プラグ
2 (1)（さわった　ときに）百円玉と　くべつする
(2) 百円玉・同じ
3 (1) ア
(2)（コンセントの　中の）出っぱり・引っかかる
4 れい　プラグが（コンセントから）ぬけにくく　なる。

てびき

1 前半は「五十円玉」のあなについて、後半は「プラグ」のあなについて書かれています。

2 (1) 3～5行目に注目しましょう。「これは、さわった ときに……ための あなです。」とあります。

(2) 今は百円玉より五十円玉のほうが小さいですが、むかしは、「同じくらいの 大きさだった」(8～9行目)とあります。だから、まちがえやすかったので、五十円玉にあなをあけて、さわってすぐに区別できるようにしたのです。

3 (1) すぐ前の文に、「プラグの 先には、あなが あいて います」(18～20行目)とあります。

(2) 図を参考にして、プラグのあなのやくわりを読み取りましょう。「コンセントの中には 出っぱりが あり、それが プラグの あなに 引っかかるように なって います。」とあり、プラグのあなとコンセントの出っぱりが、きちんとはまるしくみになっていることが分かります。

4 プラグのあなが、コンセントの出っぱりに引っかかると、プラグがコンセントからぬけにくくなることが、最後の一文に書いてあります。

86・87ページ かん字を つかおう7 はんたいの いみの ことば きほんのワーク

❶ ①ぼくとう ②ゆみ・や ③てら ④こく ⑤ことし ⑥とけい ⑦さゆう ⑧へた ⑨ばいばい ⑩しもて

❷ ①汽車 ②直線 ③山里 ④黒 ⑤半分 ⑤公園

❸ ①町・村

❹ ①後 ②弱 ③遠 ④古

❺ ①やわらかい ②せまい ③ひくい

てびき

❺ ③「高い」は、文によって反対の意味の言葉が異なります。「高い木がある」場合の「高い」と反対の意味の言葉は、「低い」です。「ねだんが高い」場合の「高い」と反対の意味の言葉は、「安い」です。

88・89ページ 同じ ところ、ちがう ところ くらべて つたえよう きほんのワーク

❶ ①まな ②り

❷ ①理

❸ ア

❹ 1 ウ
2 イ・エ

てびき

❸ 表の左の項目ごとに、スプーンとフォークを比べてみましょう。「つかう とき」に同じことが書かれていることが分かります。

❹ 2 木村さんは、スプーンとフォークのちがいについて、「中」の部分で、「一つ目は」「二つ目は」と、ことがらごとに分けて書いています。また、スプーンを使って食べる料理、フォークを使って食べる料理の名前を挙げて、使い方を具体的に説明しています。

90・91ページ あなの やくわり はんたいの いみの ことば まとめのテスト

1 1 しょうゆさし・二つ
2 (じゅんじょ なし)
・しょうゆを 出す
・空気が 入る

3 入って こない・出なく
4 いろいろな やくわり
5 あなが 一つしか……なって しまう
のです。
6 れい おなべの ふたの あな。

2
❶大きい ❷多い ❸みじかい

てびき

1

2 しょうゆさしの「二つの あな」について説明している文に注目しましょう。「二つの うち、一つは、……ための あなで、もう 一つは、……ための あなです。」（5〜9行目）と、あながあいている理由を一つずつ順に説明しています。

3 「あなが 一つしか ないと、空気が 入って こないので、しょうゆが 出なく なって しまうのです。」（14〜18行目）と あります。

4 「まとめるときのことば」である「このように」が使われている文を探しましょう。「このように、あなには、ものを つかいやすく する ための いろいろな やくわりが あります。」と書かれています。

5 図のあでは、しょうゆさしのあなが一つだけになった場合を表しているので、しょうゆが出なくなることを説明した14〜18行目が答えとなります。

6 大根おろし器のあなや、フライパンの柄《え》のあななど、身の回りにあるあながあいているものを探してみましょう。

2

「小さい車↔大きい車」「数が少ない↔数が多い」「長いひも↔みじかいひも」のように、具体的な使い方を考えると、分かりやすいでしょう。

92・93ページ きほんのワーク
声に 出して みよう たからものを しょうかいしよう ほか

❶ ❶がようし ❷あす ❸けさ ❹かわら ❺たなばた ❻つの

❷ ❶画用紙

❸ ❶三 ❷二 ❸五 ❹四 ❺四

❹ ❶イ ❷ア ❸ア

❺ 1

❻ (は)ね・あ(ね)・(あ)め

てびき

❸ 小さい「ゃ・ゅ・ょ」が表す音は、上の字とつなげて一音と数えます。たとえば、「シャツ」は「シャ／ツ」で二音になります。小さい「っ」や長音、「ん」は、一音と数えます。

❹ 音の高さ（アクセント）は、地域によって異なります。ここでは、共通語のアクセントを基準として出題しています。

❺ カードの「くわしく 話したい こと」に書かれていること1〜3の中で、1の「まくら元に いた」ことについては、「ないている ときも……ねむったそうです。」と、くわしく話しています。

94・95ページ きほんのワーク
お手紙 かん字を つかおう8

❶ ❶まいにち・かえ ❷しんゆう ❸とうきょう ❹こむぎ ❺なお ❻こうつう

❷ ❶毎 ❷帰 ❸羽 ❹麦茶

❸ ❶雨 ❷青空・白 ❸赤・夕日

❹ ❶すると ❷それから

❺ ❶ア ❷ア ❸イ ❹ア

ないようをつかもう！

（じゅんに）（1）→5→3→4→2

96・97ページ れんしゅうのワーク
お手紙

1 げんかんの 前・お手紙
2 かなしい
3 (1) ア
(2) お手紙・もらった
4 ウ
5 がまくん・お手紙

てびき

「お手紙」は、「手紙」と答えても正解です。「がまくん」は、「がまがえるくん」と答えても正解です。

1 １〜２行目に「がまくんは、げんかんの前に　すわって　いました。」とあります。かえるくんが話しかけると、がまくんは「お手紙を　まつ　時間なんだ」（９行目）と答えています。

2 がまくんは、お手紙を待っている時間のことを「一日の　うちの　かなしい　とき」と言っています。

3 (2) かえるくんが「そりゃ、どういう　わけ。」と理由をたずねて、がまくんが、ふしあわせな気もちになる理由を話しています。「だって、……」と理由を導く言葉に着目して、続けて話している部分から内容をとらえましょう。

4 がまくんが悲しいのは、誰もお手紙をくれないからです。そんながまくんの悲しそうな様子を見て、かえるくんも悲しい気分になったのです。

5 大急ぎで家へ帰った後、かえるくんが何をしたかに注意しましょう。

98・99ページ　まとめのテスト

1 イ

2 だれが…かえるくん
だれに…がまくん〈またはがまがえるくん〉

3 イ

4 （とても）しあわせな　気もち。

5 四

6 （とても）よろこんだ

7 かえるくん・れい 親友

てびき

1 がまくんは、「どうして　きみ、ずっと　まどの　外を　見て　いるの」と、かえるくんにたずねています。かえるくんは、自分が書いた手紙を、かたつむりくんが届けてくれるのを待っているのです。

2 だれが言った言葉なのかを読み取りましょう。「ぼくが、きみに　お手紙　出した」は、かえるくんが言った言葉なので、「ぼく」はかえるくん、「きみ」はがまくんだということが分かります。

3 かえるくんが書いたお手紙の内容を聞いて、がまくんは「ああ。」と感動し、「とても　いい　お手紙だ。」と言っています。素敵な手紙を書いてもらい、とてもうれしく感じていることが分かります。

4 二人はお手紙を待つために玄《げん》関に座り、「二人とも、とても　しあわせな　気もちで、そこに　すわって　いました。」（27〜28行目）と書かれています。

6 最後に「お手紙を　もらって、がまくんはとても　よろこびました。」とあります。

7 「親友」のほかに、「友だち」などでも正解です。かえるくんは、お手紙が来なくて悲しそうながまくんを気づかって、がまくんに手紙を出しました。かえるくんのやさしさを知ったがまくんの気持ちを想像しましょう。

100・101ページ　きほんのワーク

にた　いみの　ことば　ことばの　アルバム

❶ ①こんや　②ほし　③せつげん　④ふうせん　⑤ちょうしょく　⑥ちゅうしょく　⑦さんしょく

❷ ①星

❸ ①ウ　②ア　③イ

❹ ①多く　②じどうしゃ　③じゅんび　④ねむる　⑤みごとな　⑥やさしい

❺ 1 ア　2 イ

てびき

❸ ①「うつくしい」は、「色や形などが整っていて感じがよい様子」を表します。「きれい」にも「美しい様子」という意味があります。アの「かわいい」は「小さくて愛らしい様子」を表すので、「うつくしい」「きれい」とは、意味がちがいます。「かわいい花」という表現はありますが、「うつくしい花」と似た意味とはいえない点に注意します。②イ「楽しい一日」でも意味は通りますが、「時」がいつでも「一日」を表すとは限りません。

4 ❶「たくさん」には「多く」「いっぱい」など、❸「したく」には「準備」「用意」など、❹「ねる」には「ねむる」「横になる」など、似た意味の言葉は他にもあります。❺「りっぱ」は、「すばらしい様子」「みごとな様子」を表す言葉です。❻「思いやりのある」は、相手の身になって親切に考える様子を表しています。

5 1 文章の3行目に、「とても楽しいと思ったからです」と、読書をがんばった理由が書かれています。はじめに、がんばったこととその理由を書くことで、何を述べたいのかが読み手に伝わりやすい文章になっています。

2 友達の書いた文章を読むときには、分かりやすいところや、よく伝わるところなどのよい点を見つけるようにしましょう。分かりやすかった部分は、理由を考えて、自分が文章を書くときの参考にするとよいでしょう。

おちば

102～104ページ まとめのテスト

1

1 にわ・おちば

2 (1) イ

(2) れい （かえるくん、）とても よろこぶだろうなあ。

3 森を かけて・ふかい 草原を かけて いった

4 おちばかき・れい おどろくだろうなあ

2

1 (1) はっぱ〈または おちば〉・ちらかった

(2) ア

2 イ

てびき

1 1 ——の直後の「にわの しばふの おちばを かきあつめて あげよう。」が、かえるくんががまくんの家に行く目的です。

2 (1) がまくんは、くま手をとり出した後に「ぼく、かえるくんちへ 行こう。おちばを かきあつめて やるんだ。」と言っています。がまくんは、くま手を持って行き、かえるくんの家の庭で使おうとしています。

(2) がまくんは、自分がかえるくんの家の落ち葉をかき集めようと決めた後、「かえるくん、とても よろこぶだろうなあ。」と想像しています。

3 かえるくんとがまくんは、相手の家に行くときに、別々の道を通っていったので、とちゅうで会わなかったのです。「……ので、～会いませんでした。」と同じ形の文が二つ並んでいることに注目しましょう。

4 「よおし。」は、がまくんがいないことを確かめたときの言葉です。この文章の初めのほうで、かえるくんは、がまくんの家の庭の落ち葉をかき集めてあげようと決めた後、「がまくん、おどろくだろうなあ。」と言っています。がまくんをおどろかせたい、喜ばせたい、という気持ちで行動しています。二番目の空欄《らん》は、「よろこぶだろうなあ」などでも正解です。

2 1 (1) 風は「地めんを ふきまくり」、かえるくんとがまんくんがそれぞれ「作った はっぱの 山」を「ちりぢりに」してしまいました。二番目の空欄は、「ちりぢり にわ」では意味が通じないので、がまくんの言葉の中の「ちらかった」を答えます。

(2) かえるくんは、「がまくん、びっくりして いるだろうなあ」と言っています。がまくんも、「かえるくん、びっくりして いるだろうなあ」と言っています。二人とも、相手の家の庭は、自分がきれいにしたままの状態だと思っているので、ア「二人とも知らない。」が正解です。

2 二人とも、「あしたは」自分のところをきれいにすると言っています。自分よりも、まずは友だちのところをきれいにして喜ばせようとがんばったのです。そして、「おふとんに 入った とき」「しあわせでした」とあるように、友だちを喜ばせることを自分の「しあわせ」と感じています。

#　実力《じつりょく》はんていテスト　答えと　てびき

夏休みの　テスト①

1　シャンプー・いい　きもち

2　ちか（ちゃん）

3　ウ

4　ぜったい　ねちゃ　だめ（だ）

5　イ

てびき

1　「もう　すっかり　ねむく　なる」の前の部分から、理由を読み取りましょう。

2　ちかちゃんは、鏡を見て、「これ……あたし？　うそっ！」と、心の中でさけびました。鏡に映った、自分の顔を見たのです。

3　「いきが　とまる」は、おどろいている様子を表す言葉です。「だって　なに、この　かみ型。」から、ちかちゃんは自分のかみ型が変だと思っていると分かります。かみ型があまりに変だったので、おどろいたのです。

4　おねえちゃんは、ちかちゃんに、「前がみを　きる　ときだけは、ぜったい　ねちゃ　だめだからね。」と言っていました。それを今思い出してもおそいのです。

5　3から分かるように、ちかちゃんは新しいかみ型を変だと思っています。「おねえちゃんの　ことばが、頭の　中で　わんわんひびいた。」から、ちかちゃんがショックを受けていることが分かります。おねえちゃんの言うとおりにしなかったせいで、変なかみ型になってしまい、取り返しのつかないことをしたと思っているのです。

夏休みの　テスト②

1　❶けいさん　❷おんどく　❸なに・おそ　❹した・とも　❺きゅうじつ・あ

2　❶家　❷園　❸画数・少　❹名前・言　❺夜・明　❻今・時間

3　❶ア　❷イ　❸イ

4　（順序なし）❶ガラス・ガタガタ　❷エジソン・アメリカ　❸タオル・ニャーニャー（またはニャアニャア）

5

おかあさんが、
「八さいになったら、
あさはじぶんでおき
なさいね。」
といいました。

てびき

1　❸「教える（おしーえる）・教わる（おそーわる）」は、送り仮名に注意して読み分けましょう。

2　❶「家」の最後の二画を忘れないようにしましょう。❸「少」は「小」としないようにしましょう。❺「夜」は、「夕」を書いてから、はらいます。❻「間」は、「日」を忘れずに書きましょう。

3　正しい筆順を確かめましょう。❶「右」は、右上から左ななめ下に一画めを書きます。「左」は「右」とちがい、横画を一画めに書きます。まちがえやすいので注意しましょう。

4　どのような言葉をかたかなで書くか、確認しましょう。❶「ガラス」は外国から来た言葉、「ガタガタ」はものの音です。❷「エジソン」は外国の人の名前、「アメリカ」は外国の地名です。❸「タオル」は外国から来た言葉、「ニャーニャー」は動物の鳴き声です。

5　人が話した言葉を書くときは、行をかえて、かぎ（「　」）をつけます。終わりの丸（。）とかぎ（」）は、同じますに書きましょう。

実力《じつりょく》はんていテスト　答えと　てびき

冬休みの　テスト①

1　春・秋
2　す・ヒナ
3　インドシナ・マレー（「インドシナ」「マレー」は順序なし）・オーストラリア
4　きせつ・行ったり　来たり
5　①（ア）夏鳥（イ）　②（ア）冬鳥（イ）〈または旅〉
6　イ

てびき

1　最初の文に注目します。ツバメについて「日本では、春から秋まで　全国で　見る　ことの　できる　鳥」とあります。

2　ツバメの暮らしが書かれている二段落目の前半の内容に注目します。「日本で　すを　つくり、たまごを　うんで、ヒナを　そだて」とあります。ツバメにとって日本は子育ての場所なのです。

3　二段落目の後半の内容に注目します。日本で子育てをしたツバメは、秋には「インドシナ半島や　マレー半島、オーストラリアの　北部などに　行って　冬を　すごす」とあります。日本より暖かい南の地で冬を越《こ》すのです。

4　前を見ると、「わたりを　する　鳥」を「わたり鳥」とよぶと書かれています。さらに前の部分から「わたり」とは何かを読み取ると、「きせつに　よって、日本と　ほかの　国との　間を行ったり　来たり　する　こと」と説明されています。

5　四段落目に注目します。春に来て秋に南に行く、つまり、日本で夏を過ごす鳥を「夏鳥」、冬を過ごす鳥を「冬鳥」とよびます。この「夏鳥」「冬鳥」は、「わたり鳥」の種類です。

6　「旅鳥」については、最後の段落で説明されています。旅のとちゅうで「日本に　よって　行く」わたり鳥のことです。日本で暮らすわけではないので、「旅人」のような鳥だといえます。

冬休みの　テスト②

1　❶あま　❷うてん　❸かみ・さんかく　❹にちようび・ひる　❺まるた・かたち
2　❶週　❷店　❸地図・広　❹晴・朝　❺茶色・鳴　❻近・市場
3　❶わたしの　妹が　げらげら　わらう。　❷にわの　ばらが　とても　きれいだ。　❸ぼくの　父は　リレーに　出ます。
4　❶西　❷春・秋　❸弟
5　❶池・海　❷顔・頭　❸谷・岩

てびき

1　❶❷「雨」は、「あめ」「う」のほかに、「雨がさ」「雨具」のように「あま」とも読みます。❹「日」は、「にち・ひ」のほかに、「か（三日）」、「じつ（休日）」という読みも覚えておきましょう。

2　❶「週」と❻「近」の部首「辶」は、三画で書きます。❸「図」は、二画めを書いたら、点を二つ、「メ」を書き、さいごに横ぼうを書きます。

3　文の中から、まず「どう　する」「どんなだ」に当たる「じゅつ語」をさがし、次に「その動作をした人」、「その様子をしているもの」を表す「何が・何は」「だれが・だれは」に当たる「主《しゅ》語」をさがしましょう。

4　方角や季節、家族など、同じ仲間になる言葉は組にして覚えるようにしましょう。色や学校の教科なども組にまとめられます。

5　漢字に同じ部分があることに気づき、意識することで、漢字を覚えやすくなります。❶ほかに「活」「汽」などがあります。❷二年生までに習う漢字では、この二字だけです。❸ほかに「古」「言」「合」などがあります。

実《じつ》力《りょく》はんていテスト　答えと てびき

学年まつの テスト①

1 年上
2 ゆうだいくんが、いばるから。
3 クッキーを やく・いかない
4 (1) (年のはなれた) おねえさん・高校生
(2) (とても) やさしくて 楽しい 人
5 ウ

てびき

1 「ゆうだいくんは、れいなちゃんより 一つ 年上の 三年生の 男の子です。」とあります。

2 この後に、「ゆうだいくんが、いばるからです。」とあります。

3 この後で、ママは、「きょうは おうちに みさちゃんが いるのよ？ クッキーを やくんですって。」と言っています。それを知らないれいなちゃんが「いかないよ。」と言うので、ママは「ざんねん」と言ったのです。

4 (1) 「ゆうだいくんには、年の はなれた おねえさんが います。」「高校生の みさちゃん」とあります。
(2) れいなちゃんが「みさちゃんと あそべるなら いく。」と言ったのは、「みさちゃんは、とても やさしくて 楽しい 人」だからです。

5 「にこにこ」した顔は、うれしい気持ちや楽しい気持ちを表しています。れいなちゃんは、これからゆうだいくんの家に行って、みさちゃんと遊べるのがうれしくて、「にこにこ顔」になったのです。

学年まつの テスト②

1 ❶たいふう ❷こま ❸とお・くに ❹やまざと・あ ❺がようし・ちょくせん
2 ❶金魚 ❷当番 ❸公園・帰 ❹電車・通 ❺毎日・寺 ❻弓矢・刀
3 (右から順に) ❶入れる・入る ❷少ない・少し ❸下がる・下ろす ❹分ける・分かれる
4 ❶古い ❷強い ❸広い ❹売る
5 ❶楽しい ❷はずかしい

てびき

1 ❷「細い (ほそーい)・細かい (こまーかい)」は、送りがなに注意して読み分けましょう。❺「紙」は、ここでは「し」と読みます。

2 ❶「魚」は点の数と向きに気をつけましょう。いきものを表す漢字として、「馬・鳥」もいっしょに覚えましょう。❷「当」は筆順に注意しましょう。「当」の上の部分は、一画めに縦画を、二画めと三画めに外側の画を書きます。❹「通」の「マ」の部分を、「ク」とまちがえないようにしましょう。❺「毎」の下の部分を「母」と区別しましょう。❻「弓」は「⺈ ㇇ 弓」の三画で書きます。

3 送りがなに注意して漢字を書きましょう。❶「入 (い) れる」と読むときの送りがなは「れる」ですが、「入 (はい) る」と読むときの送りがなは「る」です。❷「少 (すく) ない」の送りがなは、「な」を忘れないようにしましょう。❸「下 (さ) がる」の送りがなは、「が」を忘れないようにしましょう。「下る」と書くと「くだる」という読みになります。

4 反対の意味の言葉は、両方をあわせて覚えておくと分かりやすいです。問題文をよく読み、漢字を使って書くことを意識しましょう。

5 言いかえても似た意味の文になる言葉を選びましょう。

実《じつ》力《りょく》はんていテスト 答えと てびき

かん字リレー①

❶ 黄色
❷ 楽・才
❸ 理科
❹ 歌声
❺ 丸・角
❻ 社会
❼ 合図
❽ 公園
❾ 黒・毛
❿ 内
⓫ 店・戸
⓬ 太・線
⓭ 海・船
⓮ 万
⓯ 考

⓰ 市場
⓱ 強・風
⓲ 谷
⓳ 外国
⓴ 顔
㉑ 東京・行
㉒ 回
㉓ 春・夏
㉔ 工作
㉕ 古・寺
㉖ 広・池
㉗ 教室
㉘ 鳥・羽
㉙ 弱
㉚ 秋・冬

㉛ 地方
㉜ 元・兄弟
㉝ 思
㉞ 同・数
㉟ 高・台
㊱ 家・帰
㊲ 計算
㊳ 心
㊴ 西・走
㊵ 昼・食
㊶ 新
㊷ 時間
㊸ 雪・多
㊹ 長
㊺ 細・道

かん字リレー②

㊻ 電
㊼ 牛・親
㊽ 母・父・話
㊾ 明・光
㊿ 麦茶
51 星・夜
52 里
53 午後・晴
54 前・言
55 野原
56 友
57 雲・形
58 半・切
59 鳴
60 読

61 肉・魚・買
62 南・北
63 語・絵
64 門・通
65 直
66 答・聞
67 活
68 汽・止
69 記・書
70 岩
71 自分
72 馬・首
73 遠・何
74 姉・妹
75 引

76 来週・曜
77 弓矢・刀
78 近・交番
79 画用紙
80 毎朝・歩
81 今
82 少
83 組
84 点
85 知
86 当
87 頭・体
88 米・売

きせつの 足音——はる

※ 音の かずや リズムを かんじながら、つぎの しを 読んで みましょう。

おがわの はる

あおと かいち

あいうえおがわに はるが きた
かきくけこおりも もう とけて
さしすせそろった つくしんぼ
たちつてとんでる もんしろちょう
なにぬねのはらの ひばりの こ
はひふへほんとに うれしいな
まみむめものかげ* めだかの こ
やいゆえよしのめ* よけて いく
らりるれろんろん うたう みず
わいうえおがわに はるが きた

*ものかげ＝藻《も》（水の 中の 植物《しょくぶつ》）に かくれて 見えない ところ。
*よしのめ＝葦《よし》（いねの なかま）の 芽《め》。

ぜんたいが、四、四、五音の リズムに なって いるね。

3 2 1 0 9 8 7 6 5 4
* * D C B A